부장판사가 알려주는

상속 이혼 소년심판 그리고 법원

김태형

박영사

추천의 글

잠시 가사사건과 거리를 두고 있다가 다시 접하게 된 법률전문가가 사건을 본격적으로 처리하면서 앞서의 기억을 되살리기에 부족함이 없고, 소년심판이 실제 어떻게 진행되는지 관심을 가진 일반인들도 크게 어렵지 않게 접근하고 이해할 수 있는 내용이다.

법관은 평생 연구하고 공부해야 하는 직업이다. 복잡한 사실관계를 파헤쳐 무엇이 진실인가를 찾는 일이 먼저이겠지만, 확정된 사실관계를 두고 어떤 법리를 적용할 것인가의 문제 역시 또 하나의 어려운 과제이다. 재판을 하다 보면 논리필연적인 결론의 도출보다 선택의 문제로 난감해질 때가 많다. 여러 생각과 고민에 고민을 거듭해야 하는 숙명을 가진 법관이 재판에 관한 이야기를 법정 바깥에서 진솔하게 풀어내는 것은 쉬운 일이 아니다. 부족한 시간과 힘들고 무거운 재판업무 가운데 이렇게 훌륭한 저술을 해낸 김태형 부장판사에게 많은 찬사를 보낸다. 중간중간 인간적인 심정으로 법관의 일상과 법원의 모습을 솔직하고 재미있게 엮어낸 감성과 필력도 예사롭지 않다. 온화한 자세로 공감하며 재판해온 저자의 법정에서의 모습이 눈에 선하게 그려진다.

2005년 사법연수원에서 처음 인연을 맺은 이래 저자는 늘 성실하고 열심히 살아온 것으로 기억된다. 법관으로서, 대학에서 공학을 전공한 경력을 바탕으로 지식재산권이나 재판영상중계 등 사법정보화 분야에서도 많은 활약을 보였으며 학문적인 성과도 거두었다. 이제 저자가 5년간 가사전문법관으로 근무하면서 맺은 성과물인 이 책을 통하여 많은 독자들은 상속재산분할, 이혼소송이나 소년심판 나아가 법원과 법관의 삶을 더 이해할 수 있을 것이다.

법관은 흔히 판결로만 이야기한다고 한다. 그렇지만 이와 같은 글을 통하여 법정에서 판결로만 비치는 법관의 모습이 국민들에게 솔직한 모습으로 더 다가설 수 있다면 판결 외에서도 이야기할 수 있겠다는 생각이 든다.

저자의 학문적 발전과 법관으로서 더 큰 성장을 기대한다.

2023년 8월
대법관 노태악

추천의 글

법조인이 쓴 책은 대부분 지루하고 재미없다. "부장판사가 알려주는 상속, 이혼, 소년심판 그리고 법원" 이야기도 아마 자기 자랑이거나 딱딱한 조문 해설일 것이라고 생각했다. 이 책은 나의 고정관념을 깨뜨렸다. 상속에 관한 첫 페이지를 열었을 때 마치 내가 궁금했던 것이 무언지 아는 것처럼 상담하듯 알기 쉽고 재미있게 전개해나가는 이야기들이 다소 신기하다는 느낌을 받았다. 곧이어 상속과 이혼에 관하여 내가 평소에 관심을 갖고 있었던 이슈들을 중심으로 조금씩 건너뛰면서 읽어나가니 불과 2시간 만에 책을 다 읽어볼 수 있었다. 소설보다 더 재미있게 이야기 속으로 빨려들어 가듯이 읽은 법조인 책은 이것이 처음이다. 책 속에서 필자 김태형 부장판사의 특이한 자질과 열정을 느낄 수 있었다.

김 판사를 처음 만난 건 대학원 수업 때였다. 대학원 발표 주제도 특이했고 그 발표 방식, 발성 및 제스처 등이 남달랐다. 나중에 알고 보니 대학 재학 시절 방송을 진행한 경험이 있었다고 한다. 그래서 김 판사는 법의 날 기념으로 대법원에서 열렸던 "도전 골든벨(KBS)"에 출연했고, 대법원과 사피엔스 스튜디오에서 공동 주관한 "어쩌다 어른"

유튜브 채널에도 출연하는 등 법원의 외부 홍보 채널에 자주 등장하기도 했다.

김 판사를 보면 항상 부지런하다는 생각이 든다. 바쁜 법원 재판 업무를 하면서도 석사, 박사 과정 수업을 다 듣고 박사학위까지 취득했다. 특히 서울대학교 기술과 법 센터에서 발간하는 "Law & Technology"에 뿐만 아니라 여러 학술지에 틈틈이 논문을 발표하면서 공부하는 판사의 모습을 보여주었다. 그래서 이번에 가정법원에서 전문법관으로 오래 근무한 경험을 토대로 책을 낸다고 했을 때도 그리 놀랍지 않았다.

김태형 부장판사의 이 책은 우리 인생에 있어서 직접 당사자가 되기도 하고 주위에서 자주 볼 수 있는 상속과 이혼 그리고 소년심판의 특징과 절차 그리고 실무상 주의해야 할 점 등을 알기 쉽게 사례와 함께 소개하고 있다. 노령화 사회, 개인주의가 강조되는 사회, 청소년 비행이 날로 심각해지는 사회 변화 속에서, 상속재산분할, 이혼소송 그리고 청소년의 문제는 누구나 알아야 할 상식 수준의 문제가 되었다. 이 책은 특히 복잡한 제도와 절차를 알기 쉽고 재미있게 설명해 주고 있어서 많은 도움이 된다. 상속재산분할 등은 특수법원인 가정법원에서 주로 다루는 분야이므로 관련 분야의 실무를 경험하지 못한 법조인들에게도 5년간의 실무를 체계적으로 정리한 이 책이 많은 도움을 줄 것으로 믿는다. 나아가 챕터 사이 사이에 들어 있는 법원과 법관 생활에 관한 김 판사의 에세이 역시 '법원과 법관의 삶'에 대한 이해의 폭을 넓혀줄 것이다.

나는 늘 법조 직역의 여러 정보가 그 집단 내에 갇혀 있지 않고 가능하면 폭넓게 공개되고 공유되어야 한다는 생각을 가지고 있다. 알면 알수록 우리 삶이 더 편해지고, 불필요한 분쟁을 막을 수 있으며, 더 행복하게 살 수 있기 때문이다. 그런 면에서 김 판사의 특수한 경험들을 이렇게 공유해주는 것에 대해 고마움을 느낀다. 늘 부지런히 노력하면서 사는 제자, 김태형 부장판사의 건승을 기원한다.

2023년 8월

정상조

서울대 법대 교수

들어가며 _____

    이 책은 내가 17년간 법관 생활을 통해 나누고 싶었던 얘기들을 정리한 글들을 모은 것이다. 특히 최근 5년 동안 가정법원에 근무하면서 접했던 사건들을 처리하면서 느낀 점을 중점적으로 서술하였다. 법조인이 아닌 사람들과 대화를 나누다 보면 나의 입장에서는 너무나 쉽고 당연한 절차나 지식들이 그들에게는 무척 어렵고 생소하게 느껴질 수 있다는 점을 알게 된다. 특히 가정법원에서 다루는 상속재산분할, 이혼, 소년심판 등과 같은 분야는 법조인이더라도 관련 업무를 자주 처리해 본 경험이 없다면 생소하게 느껴질 수 있다. 그래서 상속재산분할, 이혼 및 소년심판에 관해 친절하게 설명해 주는 책이 있었으면 좋겠다는 생각을 했다.

    물론 상속법 주해 등 법조인을 위한 전문서적들은 이미 많이 발간되어 있다. 그러나 이 책은 관련 분야의 지식이 전혀 없는 사람이라도 쉽게 읽고 이해할 수 있는 내용들로 채워져 있다. 독자들이 편하게 볼 수 있도록 학술적인 논의, 지나치게 기교적이거나 지엽적인 논의는 배제하고 가급적 독자들이 궁금해하거나 실무상 문제될 수 있는 핵심적인 부분들만 다루었다. 책을 저술함에 있어 가독성을 높이기 위해 다른 논문이나 저서는 거의 인용하지 않고 오로지 나의 경험과 법원 실무의 기본서인 법원실무제요만 참조하였다. 또한 이 책은 법학 교과서가 아닌 실용서이기에 판례도 실무를 이해하는 선에서 꼭 필요한 부분에만 최소한으로 인용하였다.

나는 가정법원에서 근무하기 전에는 일선 법원에서 민사, 형사 재판을 주로 담당하였다. 그러다 가정법원에 와서 소년심판을 하게 되었고, 그다음 이혼 재판을 담당하였으며, 현재는 상속재산분할심판 업무를 주로 담당하고 있다. 이 책의 각 챕터는 업무 경험 순서의 역순인 상속재산분할, 이혼, 소년심판 순으로 구성되어 있다. 당초에는 중·고등학생들도 쉽게 접근할 수 있는 아주 쉬운 글을 쓰고자 했다. 그런데 내용이 내용인지라 글을 쓰다 보니 아무리 쉽게 풀어쓰려고 해도 한계가 있었다. 또한 법적인 내용을 너무 쉽고 가볍게 쓰다 보면 실용서의 주된 목적인 정보 전달 면에서 가치가 떨어질 수밖에 없어 보였다. 그래서 상속재산분할, 이혼, 소년심판 절차의 핵심적인 내용이 모두 들어가게 하되 가능하면 쉬운 문장으로 이해하기 쉽게 책을 쓰려고 노력했다.

그럼에도 불구하고 법을 전공하지 않은 사람에게는 이 책의 내용이 어렵게 느껴질 수도 있을 것이다. 책의 몇 챕터만 읽다가 그 딱딱한 내용에 지쳐 책을 덮을 수도 있겠다는 생각이 들어 중간중간 필자가 17년간 법관 생활을 하면서 느꼈던 소회를 에세이 형식으로 구성하여 쉬어가는 페이지로 추가하였다. 법원 외부에서는 알 수 없는 법관의 고된 생활 내지 애로사항을 가능하면 솔직하게 풀어낸 에세이 형식의 챕터를 이 책에 포함시키는 것이 과연 적절한 것일까 고민하기도 했다. 그러나 위와 같은 에세이가 쉬어가는 페이지로서의 기능도 할 것이고, 법관에 대한 오해나 편견을 없앨 수 있는 기능도 할 수 있을 것 같아 그대로 유지하니 독자들이 선입견 없이 읽어주었으면 한다. 다만 에세이에 담긴 내용들은 법원의 공식적인 입장이 아닌 나의 개인적인 견해임을 미리 밝혀둔다.

나는 법관으로 임관하기 전에 방송국에서 일해 보기도 하고, 변리사로 로펌에서 근무한 적도 있다. 당시에는 정말 많은 것을 경험했고 느낀 바도 많았는데 글로 정리해 놓지 않았더니 지금은 희미한 몇 장면만 기억날 뿐이다. 그래서 살면서, 그리고 업무를 처리하면서 의미 있게 경험하고 느낀 것들을 글로 정리해 두자고 다짐한 바 있다. 사실 '20년간의 나의 경험과 느낌을 독자들과 공유한다 한들 과언 그것이 그들에게 어떤 도움을 줄 수 있을까?' 생각하기도 했다. 하지만 17년간 법관으로서의 경험, 특히 최근 가정법원에 근무하면서 알게 되고 느끼게 된 점들은 다를 것이다. 최소한 이 책을 읽는 사람들은 상속재산분할, 이혼소송 및 소년심판의 절차를 어느 정도 쉽게 이해할 수 있게 될 것이다. 나아가 외부에서는 잘 알 수 없는 법관의 업무 및 그들의 고뇌를 아주 조금은 이해할 수 있게 될 것이다.

배타적인 권리가 부여된 지식재산권이 아닌 정보는 가능하면 특정 집단에 머물지 않고 많은 사람들에게 공개·공유되어야 불필요한 사회적 · 경제적 · 정서적 손실을 줄일 수 있다. 개인정보와 관련이 없는 법원의 절차나 법관의 직무에 대해서는 많은 사람들이 그 내용을 알고 있어야 불필요한 편견이나 오해도 없앨 수 있다. 이 책도 그러한 취지에서 출판하게 된 것이다. 그리고 작년 가을 같은 취지에서 유명한 인문학 유튜브 채널인 사피엔스 스튜디오가 '법원과 법관의 삶'에 대한 영상을 제작한 바 있다. 대법원의 요청으로 위 유튜브 채널에 출연하여 인지심리학자 김경일 교수와 '법원과 법관의 삶'에 대하여 의견을 나눈 적이 있었는데, 독자들이 이 책을 읽기 전에 그 영상을 먼저 본다면 이 책의 내용을 좀 더 입체적으로 이해할 수 있을 것이다.

이 책을 집필하면서 많은 사람들의 도움을 받았다. 먼저 원고의 가치를 알아보고 출판을 제안해 준 박영사 임재무 이사님, 출판업계의 어려움에도 컬러 출판을 기획해준 손준호 과장님 그리고 처음부터 끝까지 꼼꼼하게 책의 교정과 편집을 담당해준 사윤지 님께 감사드린다. 그리고 내 인생의 멘토이자 롤모델인 두 은사님, 노태악 대법관님과 정상조 교수님, 박사 논문 심사 때 심사위원장으로 아낌없는 지지와 격려를 보내주셨던 권영준 대법관님께도 감사드린다. 바쁜 업무 시간을 쪼개 원고 감수를 해준 장지용 부장판사, 오대훈 판사, 허민 판사의 노고도 잊지 못할 것이다. 마지막으로 세상에서 가장 따뜻하고 든든한 나의 부모님과 늘 곁에서 힘이 되어 준 영혼의 친구 박정무 군에게도 깊은 감사의 마음을 전한다.

본 QR코드를 스캔하시면
법원과 법관의 삶에 대한
김태형 부장판사의 유튜브 영상을
시청하실 수 있습니다.

CONTENTS | 13

14 | CONTENTS

[Chapter 02] 이혼소송 편   103

CONTENTS | 15

16 | CONTENTS

CONTENTS | 17

상속, 이혼, 소년심판 그리고 법원

chapter

01

상속재산분할 편

사람은 죽어서 무엇을 남길까?

  호랑이는 죽어서 가죽을 남긴다. 그런데 사람이 죽으면 무엇이 남을까? 생전에 불멸의 창작품을 남긴 경우도 있을 테고, 유명한 사람이었다면 좋은 쪽이든 안 좋은 쪽이든 그 사람에 대한 후대의 평가가 남을 것이다. 그런데 보통 사람들은 사망하게 되면 상속재산을 남기게 된다. 상속재산은 부동산, 예금, 주식 등 우리가 쉽게 떠올릴 수 있는 재산뿐만 아니라 보험금, 임대차보증금반환채권, 제3자에 대한 손해배상채권 등도 포함된다. 상속재산분할은 사람이 죽고 나면 그 망인(상속관계에 있어서 사망한 사람을 전문용어로 '피상속인'이라 한다)의 재산을 분할하는 절차이다.

예를 들어, 어떤 사람이 죽었는데 생전에 그 사람 명의로 땅이 하나 있었다면 그 부동산의 소유자 명의는 여전히 그 죽은 사람 명의로 되어 있겠지만, 실질적으로 그 부동산은 망인의 사망 시점에 상속인들이 공유하는 것으로 변한다. 상속인들끼리 우애가 좋거나 협의가 잘 되면 법정상속분대로 또는 상속인들끼리 협의한 대로 상속재산이 분할되므로 법원에 사건으로 접수될 일은 없다. 그러나 현실은 다르다. 실제로 엄청나게 많은 상속재산분할 사건들이 접수되는데, 특히 피상속인이 많은 재산을 남겨두고 사망한 경우에 더욱 그러하다.

이때 기본적으로 문제되는 것이 특별수익과 기여분이다. 특별수익은 쉽게 말하면 피상속인이 생전에 또는 유언으로 일부 상속인에게 준 재산을 말하는데, 예를 들어 돌아가신 아버지가 사망 전에 큰 아들에게 혹은 특히 예뻐하는 딸에게 상당한 재산을 미리 증여하거나 사망 무렵에 유언으로 주는 경우(유증)다.

그러나 피상속인이 일부 상속인에게 준 모든 것들이 다 특별수익이 되는 것은 아니다. 어떠한 생전증여가 특별수익에 해당하는지는 피상속인의 생전의 자산, 수입, 생활수준, 가정상황 등을 참작하고 공동상속인들 사이의 형평을 고려하여 당해 생전증여가 장차 상속인으로 될 자에게 돌아갈 상속재산 중 그의 몫 일부를 미리 주는 것이라고 볼 수 있는지에 의하여 결정하여야 한다. 피상속인이 그의 생전에 일부 상속인에게 아파트를 증여한 경우는 당연히 특별수익이 되겠지만, 소액의 용돈을 준 것은 특별수익이 되지 않을 것이다.

법원에서 심판절차를 통해 상속재산을 분할하는 이상 상속인들이 피상속인으로부터 증여 또는 유증받은 내역은 특별수익으로 모두 밝혀질 수밖에 없다. 여담이지만 이러한 이유로 상속재산분할심판청구를 할 경우 신중해야 한다. 얼마 남지 않은 상속재산에 욕심이 생겨 상속재산분할심판청구를 했다가 결국 재판과정에서 자신이 지난 수십 년 동안 피상속인으로부터 받은 특별수익이 다 밝혀져 상속재산을 한 푼도 못 받을 수도 있고, 도리어 상대방으로부터 유류분반환청구를 당할 수도 있기 때문이다.

상속재산분할심판에서 항상 쟁점이 되는 또 하나의 상황은 일부 상속인이 피상속인의 상속재산에 특별한 기여를 한 경우이다. 예를 들어, 일부 상속인이 피상속인과 동거하며 보통 기대할 수 있는 수준 이상의 부양을 하였거나 피상속인의 특정 재산의 형성에 특별한 기여를 한 경우이다. 피상속인으로부터 특별한 수익을 얻은 공동상속인이 있는 경우에 그 특별수익을 공제하여 구체적 상속분을 정함으로써 공동상속인 간의 실질적 공평을 도모하듯이, 상속개시 당시 잔존한 재산에 공동상속인 중 1인의 기여가 있으면, 피상속인의 재산가액에서 기여분을 공제한 것을 상속재산으로 보고 그에 기하여 각 공동상속인의 상속분을 산정한 후 기여한 공동상속인에게 기여분만큼 가산하여 구체적 상속분을 정하여 공동상속인 간의 실질적 형평을 도모하는 것이 기여분제도이다. 이와 같은 특별수익과 기여분은 상속재산분할 과정에서 공제되거나 더해지게 되는데, 특별수익, 기여분의 인정여부 및 그 비율 등에 대해서는 상속인들끼리 의견이 일치하는 경우가 거의 없다.

상속재산분할의 협의가 잘 되지 않는 또 다른 이유는 피상속인에게 혼외자가 있거나 피상속인의 재혼 등으로 인하여 이복형제, 이부형제 및 계부, 계모까지 등장하여 이해관계가 복잡해지고 첨예해지기 때문이다. 부모가 같은 형제들끼리도 많은 상속재산을 앞에 두면 싸우게 되는데, 정서적 친밀감이 거의 없는 이복형제들이나 이부형제들끼리는 분쟁이 더욱 치열해지는 편이다. 예를 들면, 어떤 여자(A)가 어떤 남자를 만나 혼인하여 30년 이상 살다가 그 남자가 사망하였는데, 사후에 알고 보니 그 남자에게 전혼 자녀 또는 혼외자(B)가 있는 경우, 설령 그 사망한 남자와 그 자녀(B) 사이에 30년 이상 아무런 연락이 없었어도 법정상속분은 3/5(A), 2/5(B)가 된다. 이런 경우 피상속인과 오래 살았던 A는 보통 기여분을 주장하고, B는 A가 피상속인과 같이 살면서 미리 여러 재산을 받아갔다면서 A의 특별수익을 주장하게 된다. A와 B 사이에는 아무런 정서적 친밀감이 없기 때문에 이러한 유형의 사건들의 경우 상속재산분할협의는 거의 이루어지지 않고, 조정도 잘 되지 않으며, 결국 법원의 심판으로 상속재산분할이 마무리된다.

법원에서 처리하는 상속재산분할 과정은 생각보다 단순하다. 먼저 누가 상속인이 되는지 공동상속인을 확정하고 그에 따른 법정상속분을 산정한다. 그다음 피상속인의 재산을 조사하여 상속재산분할의 대상을 확정한다. 그 후 일부 상속인의 특별수익과 기여분을 밝힌 다음 이를 상속재산분할의 대상에 더하거나(특별수익) 빼서(기여분) 다시 상속재산을 확정한다(이렇게 계산된 상속재산을 전문용어로 '간주상속재산'이라 한다). 이 간주상속재산에다가 상속인들의 법정상속분을 곱하면 상속인별 법정상속분액이 나온다. 이 법정상속분액이 각 상속인들이 이론적으로 받았어야 할 재산이다. 그런데 일부 상속인에게 특별수익과 기여분이 있는 경우 실제로 자기 손에 들어오게 될 재산은 법정상속분액에서 자신이 기존에 받은 특별수익을 빼고 자신의 기여분을 더한 재산이다(구체적인 계산은 별첨 '상속재산분할명세표' 참조). 이런 구조이기 때문에 대부분의 상속재산분할심판의 당사자들은 자신의 특별수익은 적게, 기여분은 많게 주장하게 된다. 상속재산분할심판의 기본적인 구조가 이해되었다면 이제 실무상 문제되는 부분들을 하나씩 살펴보자.

상속재산분할심판은
누구를 상대로 청구해야 할까?

피상속인이 사망한 경우 피상속인이 남기고 간 재산에 대하여 이를 어떻게 처리할지 상속인들끼리 잘 협의가 된다면 아무런 문제가 없을 것이다. 그런데 상속인들이 서로 더 많은 재산을 차지하고 싶어 한다거나 일부 상속인이 피상속인의 재산 중 특정 재산을 탐내는 경우 협의가 되지 않는다. 이런 경우 일부 상속인이 마음대로 피상속인의 재산을 처분할 수는 없고, 피상속인의 재산에 대해 확실한 처분권을 가지려면 법원에 상속재산분할심판을 청구해야 한다. 그렇다면 상속재산분할심판청구는 누구를 상대로 청구해야 할까?

쉽게 이해하기 위해 부모와 자녀(아들, 딸)로 구성된 전형적인 4인 가족을 예로 들어보자. 가족 중 만약 아버지가 돌아가셨다면 상속인들은 어머니(A), 아들(B) 그리고 딸(C)이 될 것이다. 그리고 법정상속분은 잘 알다시피 피상속인의 자녀들은 모두 같고, 피상속인의 배우자는 자녀의 1.5배의 상속분을 가지므로 어머니는 3/7, 아들과 딸은 각 2/7이다. 그런데 아버지가 남긴 재산에 대해 상속인들이 특별수익과 기여분을 주장하며 서로 더 많이 가져가야 한다며 싸우는 경우 누가 누구를 상대로 법원에 상속재산분할심판청구를 할 수 있을까?

상속재산분할심판청구는 상속인이라면 누구나 청구할 수 있지만, 그 청구인과 상대방에 상속인들 모두가 포함되어 있어야 한다. 즉 A, B, C가 모두 재판의 당사자가 되어야 한다는 얘기다. 예를 들어, 아들(B)이 딸(C)과 어머니(A)를 상대로 청구할 수도 있고, 아들(B)과 어머니(A)가 한편이 되어 딸(C)을 상대로 청구할 수도 있으며(다만 아들과 딸 중에 미성년자가 있는 경우에는 이해상반 문제가 있을 수 있는데, 이에 대해서는 다른 항목에서 다시 상세히 설명하기로 한다), 어머니(A)가 아들(B)과 딸(C)을 상대로 해서 청구할 수도 있다. 그러나 아들(B)이 딸(C)만을 상대로, 아니면 어머니(A)가 아들(B)만을 상대로, 딸(C)이 어머니(A)만을 상대로 상속재산분할심판청구를 할 수는 없다.

어머니가 피상속인인 아버지로부터 이미 많은 재산을 아버지 생전에 증여받았기 때문에 더 이상 분할받을 것이 없으므로 어머니를 제외시키고 아들과 딸만 당사자가 되어 상속재산분할심판을 진행하고 싶어도 그렇게 할 수 없는 것이다. 만약 그러한 청구가 있다면 법원은 어머니(A)를 상속재산분할심판청구 사건의 당사자로 추가하라고 요구할 것이고, 이에 응하지 않는다면 그 심판청구는 각하된다(판단을 못 받고 끝난다는 얘기다). 이렇듯 법원에 상속재산분할심판청구를 하려면 공동상속인 모두가 청구인이 됐든 상대방이 됐든 간에 당사자로 포함되어 있어야 한다. 즉 법원으로부터 상속재산분할심판을 받기 위해서는 공동상속인들을 정확히 찾아내는 것이 중요하다.

그렇다고 공동상속인이 무조건 상속재산분할심판청구의 당사자가 되는 것은 아니다. 공동상속인이 상속을 포기한 경우에는 상속개시 당시로 소급하여 상속포기의 효력이 생기므로 상속포기자는 상속재산분할심판의 당사자가 되지 않는다. 따라서 공동상속인 중에 상속의 포기 또는 승인을 위한 숙려기간(상속개시 있음을 안 날로부터 3개월) 중에 있는 사람이 있는 때에는 그 사람이 상속포기를 할 수도 있으므로 바로 상속재산분할심판을 할 수는 없고 공동상속인을 확정하기 위해 숙려기간 동안은 기다리는 것이 좋다. 만약 공동상속인 중 일부가 청구인이나 상대방으로 등장하지 않고 누락되어 있음에도 이를 간과하고 법원이 결정(심판)을 했다면 그 결정은 무효가 된다.

그런데 만약 공동상속인 중 살았는지 죽었는지조차 알 수 없는 사람이 있다면 어떻게 해야 할까? 방법이 있다. 이런 경우에는 우선 그 생사불명자에 대해 실종선고[실종선고는 부재자가 집을 떠나 행방불명·생사불명인 채로 생사가 5년 동안 분명하지 아니하거나(보통실종), 전쟁이나 선박·항공기 등의 사고로 그 항공기 등에 타고 있던 사람의 생사가 1년 동안 분명하지 아니한 경우(특별실종), 이해관계인 또는 검사의 청구에 의해 가정법원이 실종선고를 하면 그 부재자는 실종기간이 만료한 때 사망한 것으로 보는 제도를 말한다]를 받은 후 생사불명자의 상속인을 당사자로 추가하여 상속재산분할심판을 진행하면 된다. 생사불명이긴 하지만 실종선고의 요건을 갖추지 못하여 실종선고를 받지 못한 상태라면 그 생사불명자를 소재불명자로 보고 그냥 당사자로 둔 상태에서 (공시송달 등의 방법으로) 절차를 진행해야 한다. 만약 상속재산분할심판이 있은 후 그 소재불명자가 상속개시 이전에 사망한 것으로 판명된다면 당사자가 될 수 없는 (즉 상속인이 아닌) 자가 분할에 참가한 것이 되어 그 분할심판은 무효가 될 것이고, 그 소재불명자를 제외하고 나머지 상속인들만을 당사자로 한 새로운 상속재산분할심판이 필요하다.

만약 공동상속인 중 일부가 북한에 거주하는 경우에는 어떻게 해야 할까? 이에 대하여 판례는 갈린다. 재북 상속인들까지 고려한다면 도저히 상속인을 확정할 방법이 없으므로 재북 상속인들을 제외한 채 나머지 상속인들만을 대상으로 상속재산분할을 진행한 하급심 판례도 있고, 재북 상속인들을 제외한 나머지 공동상속인만을 당사자로 한 상속재산분할심판은 무효이므로 재북 상속인들도 당사자로 보고 공시송달 절차로 진행한 하급심 판례도 존재한다.

태아의 경우는 어떨까? 일반적으로 태아인 상태로는 상속재산분할심판청구의 당사자 자격(당사자적격)이 없지만, 가까운 장래에 출생이 예정되어 있다면 급박한 사정이 없는 한 그 태아가 출생할 때까지 상속재산분할심판절차를 중지하였다가 태아가 출생하면 그 태아까지도 당사자로 포함하여 상속재산분할심판을 하는 것이 타당할 것이다.

사실혼 배우자는 사실혼 관계가 끝날 때 재산분할은 받을 수 있지만 법적으로 상속인이 될 수 없다. 따라서 피상속인과 아무리 오래 살았다고 하더라도 피상속인과 혼인신고가 되어 있지 않았다면 상속재산분할을 받을 수 없다. 그러나 법률상 배우자가 있는 사람과 혼인한 중혼 배우자는 일단 법률상 배우자에 해당되기 때문에 상속재산분할심판에 대해 당사자 자격이 있다. 설령 중혼이 나중에 취소되더라도 혼인 취소에는 소급효가 없으므로 중혼 배우자가 상속재산분할절차를 통해 취득한 재산은 부당이득이 되지 않는다.

예외적으로 상속인이 아니면서도 상속재산분할절차의 당사자가 되는 경우가 있는데, 바로 포괄적 유증을 받은 자(피상속인의 유언으로 상속재산의 전부 또는 일부를 1/n로 받은 자)이다. 포괄적 유증을 받은 자는 상속인들과 동일한 권리 · 의무가 있으므로 상속재산분할심판의 당사자가 될 수 있고, 이때 유언집행자가 지정 또는 선임되어 있더라도 유언집행자는 이해관계인으로 절차에 참가할 수 있을 뿐이다.

상속인 중에 미성년자가 있는 경우

　피상속인의 상속재산을 나눠 가져야 할 공동상속인 중에 미성년자가 있다면 어떻게 해야 할까? 앞서 언급한 부모와 자녀(아들, 딸)로 구성된 전형적인 4인 가족을 예로 들어보자. 만약 가족 중 아버지가 돌아가셨다면 상속인들은 어머니(A), 아들(B) 그리고 딸(C)이 될 것이다. 그런데 아들과 딸이 미성년자인 경우 내지는 막내딸이 미성년자인 경우가 있을 수 있다. 일반적인 법률행위나 소송행위는 친권자인 어머니가 미성년자인 자녀의 법률행위를 대리할 수 있으므로 어머니가 미성년 자녀의 법정대리인이 된다.

　그런데 상속재산분할은 성질상 상속인들 사이에 이해관계의 대립이 생길 수밖에 없는 행위이다. 일반적으로 어머니는 미성년인 딸의 법정대리인이긴 하지만 상속재산분할절차에 있어서는 어머니와 딸의 이해관계가 대립되므로 미성년자인 딸을 위해서는 특별대리인이 선임되어야 한다. 앞서 예로 든 4인 가족에서 막내딸(C)이 미성년자인 경우 어머니(A)가 막내딸(C)의 법정대리인이 될 수는 없고, 막내딸을 위한 특별대리인을 선임해야 한다. 특히 공동상속인 중 미성년 자녀가 여러 명일 때는 미성년 자녀 각각 특별대리인을 선임하여야 하고, 특별대리인 1명이 여러 명의 미성년 자녀를 동시에 대리할 수는 없다.

　이러한 법리는 소송행위뿐만 아니라 일반 법률행위에 대해서도 마찬가지이므로 미성년 자녀인 공동상속인을 위한 특별대리인을 선임하지 아니한 채 한 상속재산분할협의나 특별대리인 1명이 여러 명의 미성년 자녀를 동시에 대리하여 한 상속재산분할협의는 모두 무효이다. 따라서 나중에 상속재산분할협의가 무효화되는 것을 방지하기 위해서라도 공동상속인 중에 미성년 자녀가 있는 경우에는 반드시 특별대리인을 선임하여 협의 절차를 진행해야 한다. 위의 예에서 어머니(A)가 자신이 선임한 변호사를 미성년 자녀인 막내딸(C)을 위한 변호사로 선임해 그 변호사가 상속재산분할 과정에 개입하는 것도 허용되지 않는다. 다만 미성년 자녀를 위한 특별대리인이 선임되고, 그 특별대리인과 친권자가 같은 변호사를 대리인으로 선임하는 것은 쌍방대리의 허락이 있었던 것으로 보아 허용될 것이다.

재판장을 위한
커뮤니케이션 컨설팅

　재판은 법정이라는 곳에서 재판 당사자가 어떠한 주장을 하고, 그 주장에 대해 재판 당사자들끼리 서로 다른 얘기를 한다면 증거를 통해 누구의 말이 맞는지 확인하는 과정(사실 확정 단계)을 거친 후 확정된 사실 관계를 바탕으로 법령과 판례를 적용하여 그에 맞는 결론(판결, 결정 및 심판 등)을 내는 과정이다. 어떻게 보면 단순한 과정이지만 하나의 사건 안에서도 확정되어야 할 수많은 사실 관계가 있고, 그 사실 관계를 증명할 (또는 탄핵할) 수많은 증거들이 있다면 그 과정은 매우 복잡해진다. 더구나 확정된 사실 관계에 대해 적용할 법리에 대해서까지 의견이 일치하지 않아 공방이 생긴다면 그 재판 절차는 더욱 길어질 것이다. 그 복잡하고 긴 과정을 하나하나 논리적 순서에 맞게 풀어나가는 것이 재판장이 할 일이다. 재판을 진행함에 있어 재판 당사자가 어떤 주장을 하고 있는지, 그 주장을 뒷받침하는 증거로 어떤 증거가 제출되었는지 등은 당연히

재판에 앞서 재판장이 숙지하고 있어야 할 부분이다.

그런데 요즘은 이와 같은 재판 준비만으로는 부족하다. 아무리 기록을 잘 숙지하고 있어도 재판 당사자들과 원활하게 소통하지 못하는 재판장은 미숙한 재판장으로 보일 수 있다. 예를 들어, 법정 내에서 마이크 사용을 제대로 하지 못한다면 재판 당사자는 재판장이 무슨 말을 하는지 잘 알아듣지 못한다. 또한 말이 너무 빨라도 그렇다. 나아가 마이크 사용을 제대로 했더라도 재판 당사자들과 눈을 마주치지 않은 채 기록만 보면서 재판을 진행한다면 재판 당사자들의 절차적 만족감은 현저히 줄어들 것이다.

따라서 재판장은 재판 기록의 숙지 못지않게 소통 기술에 대한 훈련도 필요하다. 재판 당사자들에게 명확하게 의사 전달이 될 수 있도록 호흡과 발성 연습도 필요하고, 자연스러운 눈 맞춤도 연습해야 한다. 그냥 본인이 편한 대로 습관대로만 진행하다 보면 재판 절차 진행은 점점 더 부자연스럽게 변할 것이다. 재판장은 이러한 소통 기술 강화를 위해 재판 절차를 녹화해서 스스로 모니터링하기도 하고, 다른 동료 재판장들에게 녹화 영상(재판 당사자들은 나오지 않고 재판장만 촬영한 영상)을 보여주면서 조언을 받기도 하며, 나아가 전문적인 커뮤니케이션학 전공자로부터 코칭을 받기도 한다. 각 재판장의 재판 진행 영상을 서로 보면서 투표를 통해 시선 처리, 발성 및 질서 유지 등에서 가장 탁월한 진행을 했던 재판장을 우수 법관으로 선정하는 일선 법원도 있었다. 법원행정처에서는 일정 경력의 재판장에 대해서 주기적으로 재판 역량 강화를 위해 전문가 멘토를 섭외하여 매칭시켜 준다. 나도 다른 재판장의 재판 진행을 보면서 본받을 점을 찾아 배웠고, 전문가 멘토의 멘토링을 들으며 부족한 점을 고쳐나가고 있다.

나의 경우 예전에 방송을 한 경험이 있어 발성에는 큰 문제가 없었으나 재판 진행 중 기록을 자주 보는 습관이 있었고, 재판 당사자의 발언 시 눈맞춤 시간이 너무 짧았던 문제점을 발견하고 이를 고치기 위해 사무실에서 혼자 재판 진행을 연습해 보기도 했다. 예전에는 재판 당사자를 하대하거나 재판 당사자에게 막말하는 권위적인 재판장이 있었는지는 모르겠지만 요즘에는 다르다. 우리 사법부 대부분의 재판장들이 소통 기술 강화를 위해 항상 노력하고 있다는 점을 알아주었으면 좋겠다.

상속재산분할심판은
어느 법원에 청구해야 하는가?

　상속재산분할심판청구는 상대방의 보통재판적(원칙적으로 '주소'를 의
미한다)이 있는 곳의 가정법원(가정법원이 없는 곳은 지방법원) 합의부가
관할한다. 그리고 상대방이 여러 명인데 각자 주소가 다를 때는 상대

방 중 한 명에 대해 관할권이 있는 법원에 소를 제기하면 된다. 따라서 상대방이 여러 명이라면 그 상대방의 주소지 관할 가정법원 중 청구인 측이 가장 편리하게 접근할 수 있는 법원을 선택하여 상속재산분할심판을 청구하면 된다.

부모와 자녀(아들, 딸)로 구성된 전형적인 4인 가족을 다시 예로 들어보자. 만약 가족 중 아버지가 돌아가셨을 때 상속인들은 어머니(A), 아들(B) 그리고 딸(C)이 될 것인데, 어머니(A)는 서울에 살고, 아들(B)은 부산, 딸(C)은 수원에 산다고 가정해 보자. 아들(B)이 어머니(A)와 딸(C)을 상대로 상속재산분할심판청구를 하려면 자신의 거주지 관할법원인 부산가정법원에 상속재산분할심판청구를 할 수는 없고, 어머니(A)의 주소지 관할법원인 서울가정법원이나 딸(C)의 주소지 관할법원인 수원가정법원 중 한 곳을 골라 청구하여야 한다.

만약 위 사례에서 아들(B)이 상대방의 주소지가 아닌 자신의 거주지 관할법원인 부산가정법원에 상속재산분할심판청구를 한다면 부산가정법원은 그 사건을 서울가정법원이나 수원가정법원으로 이송하게 된다. 어머니(A)와 딸(C)은 상속재산에 대해 분할협의가 된 상태인데 아들(B)만 다투고 있는 경우, 어머니(A)와 딸(C)이 청구인이 되어 아들(B)을 상대로 상속재산분할심판청구를 하려면 아들(B)의 주소지 관할법원인 부산가정법원에 청구해야 한다.

이때 어머니(A)가 자신의 거주지 관할법원인 서울가정법원에 심판청구를 할 수는 없고, 차선책으로 자신의 거주지와 비교적 가까운 수원가정법원에서 재판을 받고 싶다면 어떻게 해야 할까? 방법이 있다. 딸(C)을 상속재산분할심판청구의 청구인으로 넣지 않고 상대방으로 넣으면 된다. 왜냐하면 상대방이 여러 명일 때 그중 1명의 주소지 관할법원에 상속재산분할심판청구를 하는 것이 가능하기 때문이다. 만약 상대방으로 아들(B)만 지정한다면 무조건 아들의 주소지 관할법원인 부산가정법원에 상속재산분할심판청구를 할 수밖에 없지만, 아들(B)과 딸(C)을 상대방으로 지정하면 딸(C)의 주소지 관할법원인 수원가정법원에 상속재산분할심판을 청구할 수 있게 된다. 앞서 살펴본 바와 같이 공동상속인들은 모두 상속재산분할심판청구 사건의 당사자가 되어야 하는데, 위의 경우에는 딸을 상대방으로 넣은 것이 관할 면에서는 유리하다.

참고로 국제사법 제77조 제1항은 "상속은 사망 당시 피상속인의 본국법에 의한다"라고 규정하고 있다. 따라서 피상속인이 대한민국 국민이어야 우리나라 법이 적용되고, 피상속인이 외국인인 경우 따로 유언으로 정하지 않는 이상 우리나라 법이 적용될 수는 없다. 피상속인이 대한민국 국민인 경우 외국에 거주하고 있었다고 하더라도 우리나라 법이 적용된다.

상속재산분할심판을 받을 수 없는 경우

공동상속인들 사이에 상속재산분할에 관한 협의가 성립된 때에는 상속 재산분할심판청구를 할 수 없다. 협의가 유효하게 되었음에도 상속재산분 할심판청구를 하게 되면 그 심판청구는 법원에서 각하된다. 상속재산분할 협의는 공동상속인 전원에 의한 것이어야 하므로 공동상속인 중 일부라도 분할협의에 응하지 않는다면 법원에 상속재산분할심판청구를 할 수 있다.

부모와 자녀(아들, 딸)로 구성된 전형적인 4인 가족을 다시 예로 들어보자. 만약 가족 중 아버지가 돌아가셨을 때 상속인들은 어머니(A), 아들(B) 그리고 딸(C)이 될 것인데 공동상속인들인 어머니(A), 아들(B) 및 딸(C)이 모두 상속재산을 어떻게 나눌지 협의하였다면, 공동상속인들 그 어느 누구도 법원에 상속재산분할심판청구를 할 수 없다. 협의가 있었음에도 공동상속인 중 일부가 법원에 다시 상속재산분할심판청구를 하는 경우가 있는데, 상대방 측에서 상속재산분할협의를 마쳤다는 점을 입증하게 되면 그 심판청구는 각하된다. 다만 분할협의는 공동상속인 전원이 참여해야 하므로, 위의 예에서 아들(B)과 딸(C)만 협의를 마쳤다든지, 아들(B)과 어머니(A) 사이에서만 상속재산분할협의가 있었던 경우에는 공동상속인 중 누구라도 다시 법원에 상속재산분할심판청구를 할 수 있다.

그런데 공동상속인들 사이에 이루어진 상속재산분할협의는 성질상 계약에 해당하므로 일반 법률행위와 마찬가지로 취소나 해제가 가능하고, 때에 따라서는 무효가 될 수도 있다. 앞의 예에서 공동상속인들인 어머니(A), 아들(B) 그리고 딸(C)이 상속재산분할협의를 하긴 하였으나 그 협의가 아들(B)이 어머니(A)를 속여서 한 협의라든지, 어머니(A)가 치매 상태로 의사 능력이 거의 없는 상태에서 협의를 하였다든지, 아들(B)이 딸(C)을 협박해서 협의에 이른 것이라면 그 협의는 취소할 수 있고, 경우에 따라서는 무효가 될 수도 있다. 그러므로 상속재산분할협의가 있었던 경우라도 그 상속재산분할협의의 무효, 취소, 해제 등을 전제로 한 상속재산분할심판청구는 가능하다.

원래는 피상속인 명의로 되어 있었던 상속재산을 일부 공동상속인이 협의 없이 임의로 자신의 명의로 돌려놓은 경우 진정한 상속인은 참칭상속인을 상대로 상속회복청구가 가능하다(말소등기청구, 진정명의회복을 원인으로 한 소유권이전등기청구 또는 부당이득반환청구 등). 위와 같이 상속재산분할대상 중 현재는 피상속인 명의로 되어 있지 않아 상속회복청구소송이 계속 중인 상속재산이 있는 때에는 먼저 상속회복청구 사건을 진행하여 상속재산이 확정된 후 상속재산분할절차를 진행하게 된다. 반대로 유류분반환청구 사건은 원칙적으로 상속재산분할절차를 마친 뒤에 할 수 있으므로 상속분할심판 중 유류분반환청구 사건이 계속되고 있더라도 상속재산분할심판의 재판부는 유류분반환청구 사건의 결과를 기다리지 않는다. 오히려 유류분반환청구 사건의 재판부가 상속재산분할심판의 결과를 기다리는 것이 일반적이다.

만약 피상속인이 유언으로 상속개시일로부터 5년을 초과하지 아니하는 기간 동안 상속재산분할을 금지한 때에는 상속재산분할심판청구를 할 수 없다. 피상속인 사망 후 공동상속인 전원이 협의로 분할을 금지하기로 한 때에도 마찬가지이다. 또한, 피상속인이 유언으로 상속재산분할방법을 지정하거나 제3자에게 그 지정을 위탁한 때에는 분할의 실행이 유언집행자 또는 그 지정위탁을 받은 제3자에게 위임되므로 상속재산분할심판청구를 할 수 없다. 다만, 그 유언이 무효인 경우 및 분할방법지정을 위탁받은 제3자가 그 지정을 하지 않는 경우에만 예외적으로 상속재산분할심판청구를 할 수 있을 뿐이다.

상속재산분할의 대상

상속재산분할심판의 대상은 청구인이 현실적으로 분할대상으로 삼은 것에 한한다. 간혹 청구인이 상속재산분할심판청구를 하면서 청구취지를 "피상속인의 상속재산에 관하여 적절한 상속재산분할을 구한다"라고 작성하는 경우가 있다. 상속재산분할심판은 비송이기 때문에 "적절한 상속재산분할을 구한다"라고 작성한 부분은 괜찮다. 그러나 "피상속인의 상속재산에 관하여"라고 작성한 부분은 틀렸다. 법원은 청구인이 특정한 망인의 상속재산에 대해서만 심판한다. 그렇기 때문에 피상속인의 재산 중 여러 개의 부동산이 있었고, 그중 하나에 대해 상속재산분할심판청구를 하였다면 다음에 다른 부동산에 대하여 다시 상속재산분할심판청구를 하는 것도 가능하다. 만약 청구인이 법원에서 알아서 피상속인의 재산을 모두 찾아서 적절하게 분할해 달라는 취지의 상속재산분할심판청구를 하게 되면 법원은 청구인에게 분할대상인 상속재산을 구체적으로 특정하라고 석명하는데, 그럼에도 불구하고 청구인이 상속재산을 제대로 특정하지 않는 경우에 그 심판청구는 각하된다.

분할대상이 되는 상속재산은 주로 부동산, 주식, 예금채권 등이다. 상속재산으로 문제가 되는 몇 가지 경우를 살펴보자. 먼저 피상속인이 자신을 피보험자 겸 보험수익자로 지정하여 생명보험계약을 체결하고 보험금을 납입하던 중 사망한 경우 그 보험금지급청구권은 피상속인의 재산이므로 당연히 상속재산분할의 대상이 된다. 그러나 보험수익자를 공동상속인 중 한 명으로 지정한 경우, 추상적으로 상속인이라고만 지정한 경우, 상속인이 아닌 제3자를 지정한 경우, 보험수익자를 지정하지 않고 사망한 경우에 보험금지급청구권은 피상속인에게 귀속되는 것이 아닌 상속인이나 제3자에게 귀속되는 것이어서 상속재산분할의 대상이 되지 않는다.

즉 아버지가 자신을 피보험자 겸 보험수익자로 지정하여 생명보험계약을 체결하고 보험금을 납입하던 중 사망한 경우 그 보험금지급청구권은 아버지의 재산이므로 당연히 상속재산분할의 대상이 되지만, 보험수익자를 공동상속인 중 한 명인 아들(B)로 지정한 경우에는 아버지의 사망 시 그 보험금지급청구권은 아버지에게 귀속되는 것이 아닌 아들(B)의 고유재산이 된다.

만약 피상속인이 타인을 피보험자로 하는 생명보험계약을 체결하면서 자신을 보험수익자로 지정하였는데 사망한 경우에 피상속인이 보험수익자의 지위에서 보험사에 대하여 가지는 보험금지급청구권은 상속재산이 될까? 상법 제733조 제3항은 "보험수익자가 보험존속 중에 사망한 때에는 보험계약자는 다시 보험수익자를 지정할 수 있다. 이 경우에 보험계약자가 지정권을 행사하지 아니하고 사망한 때에는 보험수익자의 상속인을 보험수익자로 한다"라고 규정하고 있다. 따라서 앞서

언급한 사례의 보험금지급청구권은 상속재산이 아니라 상속인의 고유
재산이 된다.

공무원연금법, 사립학교교직원연금법, 군인연금법 등 법률에 의하여
지급되는 유족급여는 유족의 생활보장을 위한 사회보장적 급여의 성질
을 가지는 것으로서 해당 법률에서 수급권자의 순위나 지급방법을 재
산상속과 별도로 정하고 있다. 따라서 유족급여는 피상속인 사망 당시
피상속인의 재산으로 볼 수 없으므로 상속재산에 해당하지 않고 수급
권자 고유의 권리가 된다. 회사의 내규, 단체협약, 취업규칙 등에 의한
유족급여, 상조회에서 지급하는 사망위로금 등은 내규 등에 의하여 그
지급대상이나 지급방법의 정함이 있으면 그에 따르면 될 것이므로 원
칙적으로 상속재산분할의 대상이 되지 않는다.

피상속인이 생전에 취득한 손해배상청구권은 당연히 상속재산이 된
다. 상속인이 피상속인의 생전에 그의 재산을 허락 없이 처분한 경우,
피상속인은 상속인에 대해 배상이나 반환을 받을 권리가 있고 그러한
청구권은 상속재산이 된다. 허락을 받고 처분하였다고 하더라도 그 대
가를 피상속인에게 전달하지 않았다면 역시 부당이득을 원인으로 한
반환의무를 부담하고 그러한 청구권도 상속재산이 된다. 즉 아들이 아
버지의 생전에 그의 아파트를 허락 없이 처분한 경우 아버지는 아들에
대해 법률관계에 따라 아파트를 반환받거나 손해배상을 받을 권리가
있는데, 그러한 청구권은 모두 상속재산분할의 대상이 된다는 것이다.

만약 피상속인이 음주운전을 한 가해자가 일으킨 교통사고로 즉사한 경우라면 피상속인이 가해자에 대하여 가지는 생명침해에 의한 손배배상청구권(재산상 손해, 위자료 모두 포함)이 상속재산분할의 대상이 된다. 양육자가 비양육자에 대하여 자녀 양육비의 지급을 구할 권리(민법 제837조), 친족 사의의 부양청구권(민법 제974조) 등은 신분적 지위에서 당연히 발생하는 일신전속적인 권리이므로 원칙적으로 일방의 사망에 의하여 상속되지 않지만 이미 당사자 사이에 협의 또는 조정, 가정법원의 심판 등에 의하여 양육비 또는 부양료 채권이 구체적인 지급청구권으로 성립된 후에는 상속재산분할의 대상이 된다.

부부가 같이 살다가 일방이 사망하게 되면 생존 배우자는 사망한 배우자의 재산에 대해 상속재산분할심판청구를 할 수 있을 뿐 재산분할청구를 할 수는 없다. 따라서 부부 일방이 다른 일방을 상대로 이혼 및 재산분할청구소송 계속 중 부부 일방이 사망한 경우 이혼의 성립을 전제로 한 이혼소송에 부대한 재산분할청구는 이를 유지할 이익이 없어 이혼 소송의 종료와 동시에 종료되고 상속의 문제만 남게 된다.

쉽게 예를 들어보도록 하자. 남자 A와 여자 B가 있었다. 여자 B가 다른 남자와 살림을 차려 집을 나갔다. 그런데 A와 B가 혼인 중에 형성한 재산은 모두 B 명의로 되어 있었다. A는 B를 상대로 이혼 및 재산분할청구를 하였다. A와 B의 혼인기간이 짧지 않았고, B 명의로 되어 있던 재산은 모두 부부공동재산이어서 향후 판결로 갔을 때 50:50으로 재산분할이 될 상황이었다. 그런데 소송 중에 갑자기 A가 사망하였다. 이런 경우 앞의 법리에 따라 이혼 소송과 재산분할청구는 모두 종료된다. A와 B 사이에 형성된 부부공동재산은 모두 B 명의로 되어 있으므로, A의 상속인들은 아무런 재산도 분할받지 못한다. 특히 A가 재혼이어서 A의 상속인들과 B 사이에 아무런 혈연관계가 없을 때 A의 상속인들은 더욱 당황스러운 결과를 맞게 된다. 만약 A가 이혼 소송 종료 후 사망하였다면 A의 상속인들은 A가 재산분할로 받을 재산, 즉 B 명의로 된 재산 중 1/2 정도에 대해서 상속재산분할을 받을 수 있었을 것이다. 그러나 A가 이혼 소송 종료 전에 사망하는 바람에 A의 상속인들은 B 명의의 재산에 대해 아무런 권리를 주장하지 못하게 되는 것이다.

앞의 사례에서 사망한 부부 일방이 상대방에 대하여 가지고 있었던 위자료청구권은 어떻게 될까? 원칙적으로 위자료청구권은 양도 또는 승계되지 않지만 이미 위자료의 지급을 구하는 소를 제기한 후에 그 청구권자가 사망한 경우에는 상속재산분할의 대상이 될 수 있다. 앞의 예에서 A의 상속인들은 B에 대한 A의 위자료청구권을 상속받게 되고, A가 B를 상대로 한 위자료청구소송을 수계할 수 있다. 피상속인이 주택 임차권을 가지고 있다가 사망한 경우에 만약 법정상속인이 그 주택에서 피상속인과 가정공동생활을 하고 있지 않았다면, 그 주택에서 가정공동생활을 하던 사실혼관계에 있는 배우자와 2촌 이내의 친족이 공동으로 임차인의 권리와 의무를 승계한다(주택임대차보호법 제9조 제2항). 즉 피상속인에게 자녀들이 있었지만 함께 살고 있지 않다가 사망한 경우에 만약 피상속인에게 사실혼 배우자가 있었다면 피상속인의 임차권은 상속재산분할의 대상이 되는 것이 아니라 사실혼 배우자가 승계할 수 있는 것이다.

유언으로 재단법인을 설립하는 경우, 출연재산은 유언의 효력이 발생한 때, 즉 출연자가 사망한 때로부터 법인에 귀속되므로 그 출연재산은 상속재산분할의 대상이 되지 못한다. 만약 피상속인이 생전에 부동산을 제3자에게 증여하였다고 하더라도 그에 따른 소유권이전등기가 없었다면 그 부동산은 여전히 상속재산분할의 대상이 된다. 다만, 상속인은 피상속인의 제3자에 대한 증여를 원인으로 한 소유권이전등기의무를 상속하게 될 뿐이다.

가분채권(대표적으로 예금채권 등 금전채권)은 상속개시와 동시에 당연히 법정상속분에 따라 공동상속인들에게 분할되어 귀속되므로 상속재산분할의 대상이 될 수 없는 것이 원칙이다. 그러나 일부 상속인에게 특별수익이나 기여분이 있는 경우에는 상속재산분할을 통하여 공동상속인들 사이에 형평을 기할 필요가 있으므로 가분채권도 예외적으로 상속재산분할의 대상이 될 수 있다. 예를 들어, 피상속인이 남긴 재산이 은행에 대한 예금채권 1억 원밖에 없을 때, 원칙적으로 그 예금채권은 상속인들에게 법정상속분대로 귀속되므로 상속재산분할심판청구의 이익이 없지만 일부 공동상속인의 특별수익이나 기여분이 문제된다면 분할대상재산이 예금채권밖에 없더라도 상속재산분할심판청구가 가능하다는 것이다.

상속개시 당시 상속재산을 구성하던 재산이 그 후 처분되거나 멸실, 훼손되었다면 그 재산은 상속재산분할의 대상이 될 수 없는 것이 원칙이나, 상속인이 그 대가로 처분대금, 보험금, 보상금 등 대상재산을 취득한 경우에는 그 대상재산이 상속재산분할의 대상이 된다. 상속재산인 부동산의 차임, 예금의 이자, 주식의 배당금 등 상속재산의 과실 중 상속개시 시까지 발생한 부분은 당연히 상속재산이 되지만, 상속개시 이후의 과실은 원물인 상속재산과 독립한 것으로 분할대상이 되지는 않는다. 즉 피상속인에게 수익형 부동산이 있었다면 피상속인 사망 당시까지 발생한 부동산의 차임은 당연히 피상속인의 재산이므로 상속재산분할의 대상이 되지만, 피상속인 사망 이후에 발생한 차임은 피상속인의 재산으로 볼 수 없으므로 상속재산분할의 대상이 되지 않는다. 상속재산분할심판 사건을 진행하다 보면 피상속인 명의의 부동산에서 발생하는 차임 중 피상속인 사망 이후의 것을 상속재산분할의 대상으로 삼는 경우가 많은데 주의하여야 한다.

채무도 상속재산분할의 대상이 되는가?

　금전채무 등 가분채무는 앞서 본 가분채권과 마찬가지로 상속개시와 동시에 법정상속분에 따라 당연히 공동상속인들에게 분할되어 귀속되므로 상속재산분할의 대상이 될 수 없다. 반면 불가분채무는 공동상속인들에게 불가분적으로 귀속되므로 상속재산분할의 대상이 된다. 그러나 이 경우에도 채권자의 승낙이 없는 한 분할의 결과를 가지고 채권

자에게 대항할 수 없으므로 분할은 공동상속인 내부에서의 채무분담문제로 된다. 예를 들어, 피상속인이 은행에 대한 대출 채무 1억 원만을 남기고 사망하였을 때 원칙적으로 그 채무는 상속인들에게 법정상속분대로 귀속된다. 그런데 피상속인의 채무가 불가분채무여서 상속재산분할의 대상이 되었고, 상속재산분할 결과 일부 상속인이 피상속의 채무를 전부 승계하는 것으로 결정되었다 하더라도 채권자의 승낙이 없는 채무인수는 채권자에게 효력이 없게 되므로 상속재산분할은 상속인들 내부에서만 의미를 가지게 된다는 것이다.

피상속인이 자신의 소유하고 있던 건물에 관하여 임차인에게 임대차보증금반환채무를 지고 있는 경우에 대해서는 특별한 규정이 있다. 주택임대차보호법 제3조 제4항, 상가건물임대차보호법 제3조 제2항은 "건물 또는 주택의 양수인은 임대인의 지위를 승계한 것으로 본다"라고 규정하고 있다. 따라서 상속재산분할 결과 상속재산인 건물 또는 주택을 분할받은 그 상속인만이 피상속인의 임대차보증금반환채무를 승계하고, 나머지 공동상속인들은 임대차보증금반환채무를 면하게 된다.

상속에 관한 비용

상속에 관한 비용은 상속재산 중에서 지급하게 되어 있다(민법 제998 조의2). 상속에 관한 비용은 상속재산의 관리 및 청산에 필요한 비용을 의미하는데, 상속재산에 대한 화재보험료, 수리비 같은 필요비, 재산세 등은 당연히 상속비용에 해당된다. 일부 상속인이 상속재산의 유지·보

전을 위해 객관적으로 필요한 범위에서 부담한 비용은 상속재산에서 공제되나, 상속인이 실수로 지출한 비용은 공제되지 않는다. 상속재산 분할의 결과로 상속재산에 포함되었던 개별적 권리의 이전에 필요한 비용, 즉 부동산중개수수료, 양도소득세 등은 상속에 관한 비용으로 볼 수 없다. 따라서 위와 같은 비용은 그 권리를 취득하는 상속인이 개별적으로 부담해야 한다.

상속세에 대해서는 판례가 나뉜다. 상속세의 분담에 대해 다툼이 있는 경우에는 상속재산분할심판을 통해 각자의 상속지분을 확정한 후 별개의 절차에서 상속세에 관한 정산을 마쳐야 한다는 실무례도 있고, ① 일부 상속인이 적지 않은 금액의 상속세 전액을 납부하였는데 향후 그 정산과정이 쉽지 않을 것으로 예상되는 경우, ② 상속재산 중 일부가 공매처분되어 그 공매재산이 공동상속인들 전체의 상속세 납부에 공여된 경우, ③ 당사자들의 협의에 따라 상속재산 중 일부가 상속세 납부에 사용되었고 그로 인하여 미납된 상속세가 없으며 당사자들이 그와 같이 납부된 상속비용을 공제하는 데 동의하고 있는 경우 등에는 상속세를 상속비용으로 보고 상속재산에서 공제한 실무례도 있다.

상속비용으로 항상 문제되는 것이 장례비용인데, 상속재산에서 장례비용은 피상속인이나 상속인의 사회적 지위와 그 지역의 풍속 등에 비추어 합리적인 금액의 범위 내라면 이를 상속비용으로 보아 상속재산에서 공제한다. 보통 장례식에는 부의금이 들어오기 마련이고 장례비용은 부의금에서 충당되므로, 장례비용을 상속비용으로 주장하는 사람은 접수된 부의금을 초과한 고유재산으로 장례비용을 지출하였음을 입증하여야 한다. 앞으로는 어떠할지 모르겠지만 현재까지는 대체로 장례비용이 부의금을 초과하는 경우보다 부의금이 장례비용을 초과하는 경우가 많아 장례비용을 상속비용으로 주장하는 경우는 실무상 드물다. 부의금 총 합계액이 장례비용을 상회한다면 장례비용은 부의금 피교부자별로 접수된 금액의 비율대로 각 금액에서 충당하고, 나머지 부의금은 각 부의금 피교부자별로 귀속하게 하면 된다. 만약 각 부의금 피교부자별 금액이 특정되지 않는다면 각 부의금 피교부자의 지위에 상관없이 나머지 금액을 평등하게 분배하면 될 것이다.

2~3년마다 이사해야 하는
판사들의 고된 운명

　법원은 매년 2월이 인사 시즌이다. 특수한 경우를 제외하고 보통 한 법원에서 2~3년 정도 근무하면 다른 법원으로 옮겨야 한다. 요즘에는 법관 인사가 인사발령일을 기준으로 4주 정도 전에 나기도 하지만, 예전에는 인사발령일 2주 전에야 자신의 다음 임지를 알 수 있었다. 누구나 그러하겠지만 2주 만에 다른 지역으로 이사하는 것은 어려운 일이다. 자신이 어느 지역으로 갈지 미리 알 수 없기에 인사 발표 이후에나 비로소 새로운 임지에서 거주지를 구하게 된다. 그래서 그때까지 1달 이상 모텔 등 임시거처에서 생활하는 경우가 많았다. 어떤 판사는 대담하게도 미리

자신이 가고 싶은 임지에 집을 구해 놓는 경우도 있었다. 미리 집을 구해 놓으면 혹시 법원행정처에서 사정을 봐줄까 해서 그렇게 하지만 모두가 원하는 결과를 얻는 것은 아니다. 그래서 임대차계약금을 몰취당하는 등 곤욕을 치르는 경우도 많이 보았다.

서울이나 수도권에서 근무하고 싶어 하는 판사가 지방권에서 근무하고 싶어 하는 판사보다 훨씬 많기 때문에 판사로 오래 근무하다 보면 원치 않은 시점에 지방 근무를 할 수밖에 없다. 보통 판사는 지방법원 부장판사가 되기 전에 4년 정도 지방 근무를 하게 되고, 부장판사가 된 이후에도 정년을 마칠 때까지 2년 내지 3년의 지방근무를 두 번 정도 더 하게 된다. 특히 지방법원 부장판사 정도 되는 연배에는 그 자녀들이 주로 초등학교 고학년이나 중·고등학생이 되어 있기 때문에 서울이나 수도권에서 거주하던 판사들은 자녀들을 지방에 데리고 갈 수 없어 가족들과 떨어져 혼자 이사하는 경우가 많다. 어떤 판사들은 오랜만에 가족들과 떨어져서 혼자만의 시간을 가질 수 있고, 퇴근 후에 취미생활도 할 수 있어 지방 근무에 만족한다고 하지만 대부분의 판사들은 가족들과 떨어져 사는 점, 한창 자녀들에게 신경 써야 할 시기에 함께 하지 못하는 점 등을 이유로 지방 근무를 매우 힘들어한다.

사실 법원 인사는 다른 어떤 공공기관보다 공정하게 이루어지는 편이다. 그도 그럴 것이 법원은 매일 어떤 결론이 공평한지 판단하는 사람들이 모인 집단이기 때문에 그런 곳에서 형평에 어긋나는 인사를 하게 되면 그 후폭풍이 클 것임은 당연히 예상된다. 사실인지 모르겠지만 판사마다 개별 마일리지가 있어서 선호하는 임지에 자주 배치되었던 판사들은 향후 비선호 임지에 배치될 가능성이 크다고 한다. 즉 비선호 지역에서 오래 근무한 판사들은 임지 마일리지가 많이 쌓여 있고, 선호 지역에서 오래 근무한 판사들은 임지 마일리지가 적게 쌓여 있는 상태인 것이다. 이러한 마일리지를 법원행정처 인사실에서 관리하고 있다고들 생각하는데 공식적으로 확인된 바는 없지만 어느 정도 일리가 있는 얘기다.

나의 경우 법관으로 근무한지가 17년 되었는데, 그중 대전에서 3년과 성남지원에서 2년을 뺀 나머지 12년은 모두 수원에서 근무하였다. 나는 2010년 수원지방법원으로 발령받기 전에는 수원에 와 본 적도 없었기에 내가 수원 지역에 이렇게 오래 근무할 줄 당시에는 몰랐다. 단지 당시 거주지(분당)에서 제일 가까운 법원을 찾다가 수원지방법원으로 가게 되었고, 서울 쪽으로 전보될 시기에는 출·퇴근의 편의를 이유(아침 시간에 분당에서 서울 쪽으로 가는 교통은 좋지 않지만, 분당에서 수원 쪽으로 가는 교통은 원활했다)로 수원지방법원에서 계속 근무했다. 그러다가 2019년에 수원가정법원이 개원하면서 가사소년전문법관으로 지원하게 되어 선발됨으로써 이렇게 오래 한 지역에서 근무할 수 있게 된 것이다 (아마 한 지역에서 나처럼 오래 근무한 법관은 없을 것이다). 그런데 어쨌든 지방 근무도 최선호 지역인 대전에서 마쳤고, 같은 지역(수원)에서 오랫동안 근무한 혜택도 보았기 때문에 나의 인사 마일리지는 매우 적을 것으로 예상된다.

법원행정처에서는 잦은 인사에 따른 여러 가지 문제점을 해결하기 위해 장기근무법관 제도를 도입하여 운용하고 있다. 장기근무법관에 선발되면 다른 법원으로 전보될 걱정 없이 같은 법원에 오랫동안 근무할 수 있기에 가족들과 떨어져 살지 않아도 된다. 아주 먼 미래에는 미국처럼 법관도 같은 법원에 평생 근무할 수 있으면 좋을 것 같다. 장기근무법관 제도를 점차 확대하면서 대부분의 법관을 장기근무 법관으로 운용하고, 신규 법관 임용은 공석이 생긴 법원만 시행하면 될 것이다. 해마다 인사 시즌이면 성실하고 인품이 훌륭한 판사 중 적지 않은 판사가 사직하곤 하는데, 물론 다른 개인적인 사정도 있겠지만 원하지 않는 시기에 가족들과 떨어져 낯선 지방으로 내려가 근무해야 하는 경향 교류 근무 방식도 사직의 한몫을 했을 것이다. 사법부가 많은 경험과 연륜을 가진 노련한 판사를 잃는 것은 법원뿐만 아니라 우리 국민들에게도 손실이므로, 법관들에 대한 인사를 최소화하고 가능하면 한 법원에 평생 근무할 수 있도록 하는 것이 좋지 않을까 생각한다.

특별수익

　공동상속인 중에 피상속인으로부터 재산의 증여 또는 유증을 받은 특별수익자가 있는 경우에 공동상속인들 사이에 공평을 기하여 위하여 그 수증재산을 상속분의 선급으로 다루어 구체적 상속분을 산정한다. 증여가 아무리 오래전에, 예를 들어 피상속인 사망 30년 전에 이루어진 것이라도 특별수익이 될 수 있다. 다만 특별수익액은 상속개시 당

시를 기준으로 평가하므로 30년 전에 이루어진 증여액을 그대로 특별수익의 가액으로 볼 수는 없고, 그 당시 증여액을 상속개시 당시로 환산하여 특별수익의 가액을 정한다.

부모와 자녀(아들, 딸)로 구성된 전형적인 4인 가족을 다시 예로 들어보자. 가족 중 만약 아버지가 돌아가셨을 때 상속인들은 어머니(A), 아들(B) 그리고 딸(C)이 될 것이다. 그런데 아버지가 미리 아들(B)에게 500만 원을 증여했다고 가정해 보자. 남은 상속재산이 900만 원이라고 가정하면 상속재산은 어떻게 분할되어야 할까? 먼저 상속재산에 앞서 본 법리에 따라 아들의 특별수익 500만 원을 더하여 간주상속재산을 계산한다(900만 원＋500만 원＝1,400만 원). 그 간주상속재산을 법정상속분으로 나눈 것이 법정상속분액이 된다. 어머니, 아들, 딸의 법정상속분(3:2:2)은 3/7, 2/7, 2/7가 되므로, 어머니의 법정상속분액은 600만 원(＝1,400만 원×3/7), 아들과 딸의 법정상속분액은 각각 400만 원(＝1,400만 원×2/7)이 된다. 이제 남은 상속재산은 900만 원밖에 없는데, 이는 특별수익이 없는 어머니와 딸의 법정상속분액의 합계(1,000만 원＝600만 원＋400만 원)에도 못 미친다. 반면에 아들은 자신이 받아야 할 법정상속분액(400만 원)을 초과하는 재산(500만 원)을 이미 피상속인으로부터 증여받았다.

상속재산분할은 현재 존재하는 상속재산을 분할하는 것이지 일부 상속인이 이미 증여받은 특별수익을 환수할 수 있는 절차가 아니므로 아들이 받아간 특별수익을 건드릴 수는 없다(이때 유류분이 침해되었다면 유류분반환청구는 할 수 있다). 다만, 아들은 이미 자신이 받아야 할 법정상속분액(400만 원)을 초과한 특별수익(500만 원)을 얻었으므로(이러한 상속인을 전문용어로 '초과특별수익자'라 한다), 더 이상 상속재산분할을 받을 수 없고 초과특별수익은 초과특별수익을 얻지 못한 다른 상속인들이 각자의 법정상속분율에 따라 안분하여 부담하게 된다. 구체적으로 계산해 보면 아들이 얻은 초과특별수익 100만 원(=특별수익 500만 원 −법정상속분액 400만 원)은 어머니와 딸이 법정상속분대로 부담하게 되므로 어머니가 60만 원(=100만 원×3/5), 딸이 40만 원(=100만 원 ×2/5)을 안분해서 부담한다. 따라서 어머니가 최종적으로 받을 수 있는 상속재산은 법정상속분액에서 초과특별수익 중 자신이 부담해야 할 60만 원을 공제한 540만 원(=600만 원−60만 원)이 되고, 딸이 최종적으로 받을 수 있는 상속재산은 법정상속분액(400만 원)에서 초과특별수익 중 자신이 부담해야 할 40만 원을 공제한 360만 원(=400만 원−40만 원)이 된다.

만약 위의 예에서 피상속인이 아들(B)에게 500만 원을 증여한 것이 아니라 아들(B)의 아들(피상속인의 손자) 또는 배우자(피상속인의 며느리)에게 증여하였다면, 이를 아들(B)의 특별수익으로 볼 수 있을까? 판례는 증여 또는 유증의 경위, 증여나 유증된 물건의 가치, 성질, 수증자와 관계된 상속인이 실제 받은 이익 등을 고려하여 실질적으로 피상속인으로부터 상속인에게 직접 증여된 것과 다르지 않다고 인정되는 경우에는 상속인의 배우자, 직계비속에 대한 증여를 상속인의 특별수익으로 볼 수 있다고 한다. 형식적으로는 피상속인이 손자에게 증여한 것으로 보이지만, 그 실질은 그 아들에게 증여한 것으로 볼 수 있다는 얘기다. 향후 상속재산분할 과정에서 일부 상속인의 특별수익을 줄이기 위해 피상속인이 그 상속인에게 직접 증여하지 않고 그 상속인의 자녀나 배우자에게 증여하는 경우가 많은데, 위 판례에 따라 위와 같은 편법은 별 효용이 없게 된다. 피상속인이 생전에 제3자에게 증여를 했는데 그 이후 그 제3자가 혼인, 입양 등 신분관계의 변동으로 상속인이 된 경우에도 위의 법리를 유사하게 적용할 수 있을 것이다.

만약 위의 사례에서 피상속인의 사망 전에 아들(B)이 사망하며 아들(B)의 상속인들, 즉 피상속인의 손자와 며느리가 아들(B)을 대습상속한 경우에는 아들(B)이 받은 특별수익은 대습상속인들인 손자와 며느리가 받은 특별수익이 됨은 당연하다. 피상속인이 상속인에게 교육비, 지참금, 혼수비용 등 금전을 교부하는 경우에 무조건 특별수익이 될까? 그렇지 않다. 피상속인의 자산, 수입, 생활수준, 가정상황 등을 고려할 때 금전의 지급을 상속분의 선급으로 보기 어렵다고 판단한다면 이를 특별수익으로 보지 않는다.

예를 들어, 피상속인이 상속인이 어렸을 때 용돈으로 몇만 원씩 준 돈과 같은 것들은 당연히 특별수익이 아니고, 피상속인이 상속인에게 대학등록금을 증여했다고 하더라도 피상속인의 수입에 비추어 그 등록금이 큰 비중을 차지하지 않는다면, 이를 특별수익으로 보기는 어렵다. 피상속인이 보험계약자가 되어 보험료를 납입했으나 일부 상속인을 그 보험의 피보험자 또는 보험수익자로 해둔 결과 피상속인의 사망에 따라 그 상속인이 보험금을 수령하게 되는 경우 보험금 자체는 상속인들의 고유재산이므로 상속재산분할의 대상은 아니지만, 그것은 피상속인의 출연에 기한 것이므로 특별수익에는 해당된다. 이 경우 피상속인이 지급한 보험료를 특별수익으로 보아야 하는지 보험금을 특별수익으로 보아야 하는지 견해의 대립이 있을 수 있는데, 상속인의 입장에서 얻게 되는 이익을 중심으로 본다면 보험금이 특별수익이 될 것이다.

담보가 설정되어 있는 부동산을 특별수익한 경우 부동산가액에서 피담보채무를 공제한 나머지만이 상속인이 얻은 이익이므로 그 차액만이 특별수익임은 당연하다. 일부 상속인이 부동산을 특별수익 후 상속개시 전에 부동산을 처분하거나 그 부동산이 수용되어 상속개시 당시 그 부동산을 보유하고 있지 않게 된다면 특별수익의 가액은 어떻게 계산하여야 할까? 처분이나 수용 당시 매매대금을 상속개시 당시 기준으로 현가계산하자는 견해와 상속인이 그 부동산을 그대로 보유하고 있다고 가정하고 상속개시 당시의 시가로 계산하는 견해가 대립한다.

배우자의 특별수익

　배우자가 피상속인 사망 전에 피상속인과 이혼하면 재산분할을 받게
된다. 일반적인 재산분할에 있어 기여도는 혼인기간이 길어질수록
50%에 수렴한다. 그런데 배우자가 사망하여 상속재산분할 과정을 거
치게 되면 오히려 이혼에 따른 재산분할보다 피상속인 배우자의 분할

비율이 줄어드는 경우가 많다. 자녀가 없어 남은 배우자가 피상속인을 단독으로 상속하는 경우엔 얘기가 다르지만, 자녀가 여러 명 있는 경우 남은 배우자의 법정상속분은 50%에 훨씬 못 미치게 된다. 이러한 결과는 언뜻 부당하게 보일 수 있다. 이혼을 해도 배우자의 재산에 대해 50%의 분할을 받게 되는데, 잘 살다가 사망한 배우자의 재산에 대해서는 훨씬 낮은 비율의 재산만 분할받는 것이기 때문이다. 참고로 일본은 배우자의 법정상속분이 우리나라보다 높은 50%이다. 이러한 문제점을 인식해서인지 최근 실무례는 피상속인이 생전에 배우자에게 한 증여가 특별수익에 해당하는지 판단함에 있어 배우자의 자녀양육, 가사노동에 대한 기여의 정도, 상속재산의 가액 및 생전 증여가 상속재산에서 차지하는 비율, 배우자에 대한 생계 보장의 필요성 등을 종합적으로 고려하여 배우자에 대한 생전 증여를 특별수익에서 제외하는 경향을 보이고 있다.

특별한 부양 내지 기여에 대한
대가로 이루어진 생전 증여

유류분에 관한 민법 제1118조에 따라 준용되는 민법 제1008조는 '특별수익자의 상속분'에 관하여 "공동상속인 중에 피상속인으로부터 재산의 증여 또는 유증을 받은 자가 있는 경우에 그 수증재산이 자기의 상속분에 달하지 못한 때에는 그 부족한 부분의 한도에서 상속분이 있다"라고 정하고 있다. 이는 공동상속인 중에 피상속인으로부터 재산의 증여 또는 유증을 받은 특별수익자가 있는 경우에 공동상속인들 사이의 공평을 기하기 위하여 그 수증재산을 상속분의 선급으로 다루어 구체적인 상속분을 산정하는 데 참작하도록 하기 위한 것이다. 여기서 어떠한 생전 증여가 특별수익에 해당하는지는 피상속인의 생전의 자산, 수입, 생활수준, 가정상황 등을 참작하고 공동상속인들 사이의 형평을 고려하여 당해 생전 증여가 장차 상속인으로 될 자에게 돌아갈 상속재산 중 그의 몫의 일부를 미리 주는 것이라고 볼 수 있는지에 의하여 결정하여야 한다.

따라서 피상속인으로부터 생전 증여를 받은 상속인이 피상속인을 특별히 부양하였거나 피상속인 재산의 유지 또는 증가에 특별히 기여하였고, 피상속인의 생전 증여에 위와 같은 상속인의 특별한 부양 내지 기여에 대한 대가의 의미가 포함되어 있는 경우와 같이 상속인이 증여받은 재산을 상속분의 선급으로 취급한다면 오히려 공동상속인들 사이의 실질적인 형평을 해치는 결과가 초래되는 경우에는 그러한 한도 내에서 생전 증여를 특별수익에서 제외할 수 있다. 여기서 피상속인이 한 생전 증여에 상속인의 특별한 부양 내지 기여에 대한 대가의 의미가 포함되어 있는지 여부는 당사자들의 의사에 따라 판단하되, 당사자들의 의사가 명확하지 않은 경우에는 피상속인과 상속인 사이의 개인적 유대관계, 상속인의 특별한 부양 내지 기여의 구체적 내용과 정도, 생전 증여 목적물의 종류 및 가액과 상속재산에서 차지하는 비율, 생전 증여 당시 피상속인과 상속인의 자산, 수입, 생활수준 등을 종합적으로 고려하여 형평의 이념에 맞도록 사회일반의 상식과 사회통념에 따라 판단하여야 한다.

다만 유류분제도가 피상속인의 재산처분행위로부터 유족의 생존권을 보호하고 법정상속분의 일정비율에 해당하는 부분을 유류분으로 산정하여 상속인의 상속재산 형성에 대한 기여와 상속재산에 대한 기대를 보장하는 데 그 목적이 있는 점을 고려할 때, 피상속인의 생전 증여를 만연히 특별수익에서 제외하여 유류분제도를 형해화시키지 않도록 신중하게 판단하여야 한다. 최근 위 법리와 관련된 구체적인 사건이 있어 아래에 소개한다.

피상속인은 2018. 4. 24. 사망하였는데 생전에 상속인 A에게 부동산을 증여하였다. 부동산을 증여받은 상속인 A는 피상속인이 72세 남짓이던 1984. 6.경부터 107세의 나이로 사망할 때까지 34년 동안 제주에서 피상속인과 동거하며 피상속인을 부양해 왔다. 또한, 상속인 A는 그동안 피상속인의 치료비로 약 1억 2,000만 원을 지출하였다. 나머지 상속인들은 상속인 A가 피상속인을 부양하는 동안 제주를 떠나 생활하면서 피상속인과 교류를 사실상 단절하였고, 피상속인에 대한 부양의무를 이행하지 않았다. 한편 상속인 A는 피상속인의 배우자였던 B가 1963년경 약 45만 원의 보증채무를 부담하게 되었고, 이로 인해 피상속인과 갈등이 심각해지자 1968년경 약 7년간 교사로 재직하면서 저축한 돈으로 위 보증채무 약 45만 원을 대신 변제하였다. 피상속인은 2005. 12.경 상속인 A와 다른 상속인에게 "상속인 A가 과거 B의 채무를 대신 갚아 준 것을 돌려주지 못한 것이 평생의 한이 되었다. 상속인 A에게 진 빚을 갚는 대신 이 부동산을 주겠다"라고 말하였고, 다른 상속인에게 "이 부동산을 상속인 A에게만 주는 것을 너무 서운하게 생각하지 말고 조금도 이의를 갖지 말라"라고 당부한 바 있다. 이와 같은 사실 관계하에서 법원은 "상속인 A의 피상속인에 대한 기여나 부양의 정도와 피상속인의 의사 등을 고려할 때, 피상속인이 상속인 A에게 이 부동산을 증여한 것은 상속인 A의 특별한 기여나 부양에 대한 대가의 의미로 봄이 타당하다. 이러한 경우 상속인 A가 증여받은 이 부동산을 상속분의 선급으로 취급한다면 오히려 공동상속인들 사이의 실질적인 형평을 해치는 결과가 초래되므로, 이 부동산은 상속인 A의 특별수익이라고 보기 어렵다"라고 판시하였다.

유류분과 기여분

　유류분은 피상속인의 재산 처분의 자유를 제한하여 법률상 상속인 등에게 귀속되는 것이 보장된 상속재산 중 일정비율, 즉 상속재산 중 상속인 등에게 유보되는 몫을 의미한다. 그런데 유류분은 피상속인의 상속개시 시에 있어서 가진 재산의 가액에 증여재산의 가액을 가산하고(민법 제1113조 제1항), 기여분은 상속이 개시된 때의 피상속인의 재산가액에서 유증의 가액을 공제한 액을 넘지 않는 범위 내에서 결정하도록 되어 있을 뿐(민법 제1008조의 2 제3항), 기여분이 유류분에 의한 반환청구의 대상으로는 되어 있지 아니하므로(민법 제1115조), 기여분은 유류분에 우선하고 다른 공동상속인의 유류분을 침해하는 기여분이 정해지더라도 유효하다고 해석된다. 유류분반환청구의 상대방은 유증을 받은 상속인과 제3자, 증여를 받은 상속인, 상속개시 전 1년 내에 증여를 받은 제3자이다. 따라서 상속개시 1년 전 증여에 대해서는 그 수증자가 상속인인지 제3자인지에 따라 유류분반환청구의 상대방이 될 수도 아닐 수도 있다.

공동상속인이 피상속인으로부터 생전 증여로 특별수익을 받았다면, 그 증여가 상속개시 1년 이전의 것인지 여부 또는 당사자 쌍방이 유류분권리자에게 손해를 가할 것을 알고서 하였는지 여부와 관계없이 증여를 받은 재산이 유류분 산정을 위한 기초재산에 산입된다. 그러나 피상속인으로부터 특별수익인 생전 증여를 받은 공동상속인이 상속을 포기한 경우에는 그 증여가 상속개시 전 1년간 행한 것이거나 당사자 쌍방이 유류분권리자에게 손해를 가할 것을 알고 한 경우에만 유류분 산정을 위한 기초재산에 산입된다. 요약하자면 기여분을 인정받은 공동상속인 또는 피상속인으로부터 특정 기간 동안 많은 재산을 증여를 받았어도 (그 증여가 상속개시 전 1년간 행한 것이거나 당사자 쌍방이 유류분권리자에게 손해를 가할 것을 알고 한 경우가 아닌한) 상속을 포기한 자는 유류분반환청구의 상대방이 되지 않을 수 있다는 얘기다.

상속재산의 분할방법

　앞서 살펴본 바와 같이 먼저 상속재산을 받을 상속인들을 확정하고, 분할대상인 상속재산을 확정한 다음 일부 상속인들의 특별수익과 기여분을 조사하여 각 상속인들의 구체적 상속분까지 결정되면 그다음은 현존하는 상속재산을 구체적 상속분에 따라 상속인들에게 분할해줘야 한다. 상속재산의 구체적인 분할방법은 ① 상속재산을 쪼개지 않고 구

체적 상속분대로, 즉 지분대로 공유하게 하는 등의 현물분할, ② 상속재산 중 특정재산을 상속인 중 1명 또는 여러 명에 분할하고 나머지 상속인들에게 현금으로 정산하는 정산분할, ③ 상속재산을 경매에 부쳐 그 경매대금을 상속재산을 나눠주는 가액분할이 있다.

어떤 방법에 의하건 공동상속인 사이에 평등하고도 공평한 결과가 되도록 분할하여야 하는데, 이를 위해서 공동상속인의 의사나 희망, 상속재산의 종류, 성질, 가액, 이용관계, 상속인의 연령, 직업, 심신상태, 생활상태, 재산의 관리능력, 피상속인의 생전의 의사, 공동상속인 사이의 분할에 관한 협의의 경과 등 일체의 사정을 참작해야 한다. 현물분할 중 지분 공유 방식의 분할의 경우 상속재산분할을 마친 후에도 여전히 상속재산이 상속인들의 공유로 남게 되어 향후 다시 공유물분할 절차를 거쳐야 할 수도 있으므로 상속인들끼리 사이가 좋지 않은 경우에는 현물분할보다 정산분할 내지 경매에 의한 가액분할이 낫다.

매년 바뀌는 재판부

　법관 정기 인사는 매년 2월 하순에 이루어진다. 재판장 2년 원칙에 따라 2년마다 사무분담이 바뀌는 것이 원칙이지만 배석판사의 경우, 임지가 바뀌는 경우, 특수 보직의 경우 1년마다 사무분담이 변경되기도 한다. 그래서 매년 2월이면 법원 분위기가 어수선하다. 다른 사기업이나 공공기관은 같은 부서에서 꽤 오랫동안 근무하는 것으로 알고 있다. 그러나 법원의 경우 법관뿐만 아니라 법원직원들 역시 매년 업무가 바뀐다. 법원의 중심 업무인 재판 업무를 중심으로 보자면 이러한 인사 방식은 나름대로 장점과 단점이 있다.

　장점으로는 매년 새로운 사람들과 같이 근무를 하게 되고 또 새로운 업무를 접한다는 점이다. 마치 초등학교 시절 학년이 올라갈 때마다 "새로운 선생님은 어떤 분일까? 어떤 새로운 친구들을 만날 수 있을까? 어떤 과목을 새로 배울까?"라고 생각하는 등 설레는 느낌이 비슷하다. 또한, 아무리 어렵고 힘든 업무여도 원칙적으로 1년이 지나면 그 업무에서 해방될 수 있다. 그리고 혹여 같이 일하는 동료나 직원들과 트러블이 있어도 1년만 참으면 그 관계 속에서 벗어날 수 있다. 사기업에 다니는 친구 중 동료 혹은 상사와의 관계가 좋지 아니하여 오랫동안 고통받는 친구들이 더러 있던데, 법원은 어쨌든 이러한 불편함은 단기간에 해소할 수 있는 편이다.

그러나 이러한 장점들은 반대로 상황에 따라 단점이 될 수 있다. 1년 동안 기존 업무에 익숙해져서 이제 좀 편안하게 지낼 만하면 또다시 새로운 업무를 익혀야 하는 것은 단점이다. 또 같이 일했던 동료나 직원들과 호흡이 잘 맞아 계속 같이 근무하고 싶어도 1년이 지나면 그 동료나 직원들과 어쩔 수 없이 헤어져야 한다. 나 같은 경우에도 법원 근무 초기에는 친했던 동료나 직원들과 1년 만에 헤어질 때 섭섭하기도 했고, 다른 부서에서 일할 때 그 동료나 직원들이 그립기도 했다.

그런데 17년 정도가 지나니 이제는 직장 동료로서의 만남과 헤어짐에 익숙해지게 되었다. 그동안 만났던 많은 동료 중 친구가 돼서 자주 연락하는 사람들도 있지만, 연락은 자주 못하더라도 마음속에 참 좋은 동료로 기억되는 사람들도 꽤나 많다. 17년 동안 수많은 동료와 직원들을 만났는데 안 좋은 기억보다 좋은 기억으로 남은 사람들이 훨씬 많은 것을 보면 적어도 내 기준에서 법원은 정말 좋은 직장인 것 같다.

다른 소송과의 관계

상속재산분할심판에서 공동상속인으로서의 지위가 부정된 자가 나중에 사후인지, 이혼무효, 파양무효 등의 확정판결로 공동상속인의 지위를 회복하는 경우에는 상속재산분할심판의 효력에는 영향을 미치지 못하지만, 민법 제1014조에 따른 상속분에 상당한 가액의 지급을 청구할 수 있다. 예를 들어, 피상속인에게 혼외자가 있었는데 상속재산분할 당시에는 피상속인의 자녀로 인지되지 못했지만 피상속인의 사망 후 혼외자의 인지청구에 의해 피상속인의 자녀로 인지된 경우이다. 이러한 경우 인지청구에 의해 피상속인의 자녀로 인지된 자는 공동상속인이 되었어야 할 자신을 빼고 한 상속재산분할심판의 무효를 주장할 수는 없지만, 상속재산분할을 받은 다른 공동상속인들을 상대로 자신의 상속분에 상당한 가액의 지급을 구할 수 있다. 반면 상속인이 아닌 자가 분할에 참가함으로써 상속 순위가 변경되고 본래 상속인이 되어야 할 사람이 분할에서 제외된 경우에는 공동상속인의 일부를 제외한 분할과 다르지 않기 때문에 그 상속재산분할은 무효가 된다.

앞서 본 바와 같이 공동상속인 중 일부가 자신이 진정한 상속인임을 전제로 부동산에 관한 소유권을 주장하며 참칭상속인(가짜상속인) 또는 자기들만이 상속인이라고 주장하는 일부 상속인들을 상대로 상속재산인 부동산에 관한 등기의 말소를 구하는 청구는 상속재산분할심판청구가 아닌 민법 제999조 제1항의 상속회복청구이고, 이는 민사사건에 해당한다. 또한, 공동상속인 중 1인이 협의분할에 의한 상속을 원인으로 하여 상속재산인 부동산에 관하여 소유권이전등기를 마친 경우 그 협의분할이 다른 공동상속인의 동의 없이 이루어진 것이므로 무효라는 이유로 다른 공동상속인이 소유권이전등기를 마친 공동상속인 중 1인을 상대로 그 등기의 말소를 구하는 경우도 상속회복청구에 해당하고 이 역시 민사사건에 해당한다. 상속회복청구가 민사법원이 아닌 가정법원에 제기된 경우 가정법원은 그 사건을 민사법원으로 이송한다.

따라서 불필요한 시간 낭비를 하지 않기 위해서는 자신의 청구가 상속회복청구인지 상속재산분할심판청구인지 잘 구분해야 한다. 만약 상속재산분할심판청구 사건에서 상대방이 상속재산을 유증받았다고 주장하는 경우 가정법원은 유증을 주장하는 자로 하여금 민사법원에서 유언의 효력에 관한 판결(유증을 원인으로 한 소유권이전등기청구 등)을 받아올 것을 명하고 기일을 추정하는 것이 일반적이다. 만약 피상속인이 상속재산 전부를 유증한 경우에는 분할대상으로 삼을 재산이 남지 않게 되어 상속재산분할심판청구는 기각된다.

가처분 신청의 필요성

피상속인이 사망하였어도 상속등기가 되어 있지 않은 이상 상속재산인 부동산의 명의자는 피상속인으로 그대로 남아 있게 된다. 이때 상속인 중 한 명이 상속재산인 부동산을 임의로 처분할 것을 염려하여 다른 상속인이 상속재산을 처분하려는 상속인을 상대로 처분금지가처분을 하는 것이 허용될까? 일부 상속인이 자신의 법정상속분이 부당하게 처분될 것을 우려하여 다른 상속인을 상대로 처분금지가처분을 하는 것은 허용되지 않는다. 왜냐하면 법정상속분만큼은, 다시 말해 자신의 법정상속분만큼의 부동산 지분은 상속인이 스스로 상속등기를 함으로써 처분을 막을 수 있기 때문에 굳이 처분금지가처분을 할 필요가 없다.

그런데 자신의 법정상속분만큼의 지분 외에 다른 상속인의 지분을 처분하는 것을 막을 필요가 있을 때도 있다. 부모와 자녀(아들, 딸)로 구성된 전형적인 4인 가족을 다시 예로 들어보자. 가족 중 만약 아버지가 돌아가셨을 때 상속인들은 어머니(A), 아들(B) 그리고 딸(C)이 될 것이다. 이때 어머니(A)와 아들(B)이 생전에 아버지로부터 많은 재산을 증여받아 현재 남아 있는 부동산은 상속재산분할심판 결과 모두 딸(C)에게 귀속될 가능성이 있는 경우 또는 딸(C)의 기여분이 인정되어 현재 남은 부동산 중 법정상속분 이상의 지분이 딸(C)에게 귀속될 가능성이 있는 경우, 딸(C)은 어머니(A)와 아들(B)의 지분에 대해서도 처분금지가처분을 할 필요가 있다. 이 경우에는 딸(C)이 상속인들의 법정상속분대로 상속등기를 마친 다음 어머니(A) 또는 아들(B)을 채무자로 하여 그들의 지분에 대해서 처분금지가처분을 신청하면 된다.

죽은 자는 말이 없다

가정법원에 가사합의부 재판장으로 근무하면서 이혼 및 재산분할청구 사건도 진행해 보고, 상속재산분할심판청구 사건도 진행해 보았다. 이혼에 부수하는 재산분할청구는 살아있는 사람의 재산에 대한 분할이고, 상속재산분할심판청구는 죽은 사람의 재산에 대한 분할이다. 그래서 그런지 같은 재산분할청구이고 비송사건임에도 상속재산분할심판청구 사건의 진행은 상당히 더디다.

일단 재산분할청구든 상속재산분할심판청구든 대상 재산에 조회가 필요하다. 재산분할청구에 있어서 부동산에 대한 조회는 혼인 기간 전

상속, 이혼, 소년심판 그리고 법원

부에 대해 이루어지는 경우가 많지만, 예금채권이나 주식 등과 같은 재산에 대한 조회는 이혼 소송 제기 전후 3년 치 정도만 허용하는 것이 실무이다. 물론 이혼 소송을 제기하기 3년 전부터 치밀하게 이혼을 준비하며 재산을 은닉한 정황이 엿보이면 훨씬 장기간의 조회를 허용하기도 한다. 그런데 상속재산분할심판청구 사건에서는 특별수익으로 보는 증여의 기간에 제한이 없기 때문에 피상속인의 재산에 대한 조회는 부동산은 물론 전 금융재산에 대해서도 장기간 허용한다. 짧게는 10년 전부터 길게는 30~40년 전까지 조회해 보는 경우가 많다. 피상속인의 30~40년간 금융재산 조회를 통해 때로는 감추고 싶던 피상속인의 사생활이 간접적으로 공개되는 경우도 있다.

요즘 세상에는 현금 거래가 거의 없기 때문에 앞으로는 상속재산분할과정에서 더욱 많은 개인정보가 소송 과정에서 오픈될 것이다. 내가 사망한 후 나의 상속인 중 일부가 상속재산분할심판청구를 하고, 내가 사망하기 전 30~40년 치 금융계좌가 모두 오픈된다고 생각하면 아찔하다. 내가 죽은 뒤에 나의 상속인들이 내가 남기고 간 재산을 더 차지하기 위해 치열하게 싸우고, 특별수익을 입증하기 위해 나의 오래전 계좌까지 모두 들춰내는 것을 방지하려면 상속재산을 남기지 말고 죽든지 아니면 유언으로 상속재산을 잘 정리해주고 가는 것이 좋다. 많은 상속재산분할심판청구 사건을 진행해 보면서 "죽은 자는 말이 없다"라는 격언의 의미를 다시금 생각하게 된다.

어떤 대리인은 피상속인이 일부 상속인에게 현금 증여를 했다는 부분을 입증하기 위해 상대방의 20년 전 계좌에 대한 조회를 요청하는 경우가 있다. 예를 들면, 피상속인의 계좌를 조회해 보니 20년 전에 1억 원이 현금 내지 수표로 피상속인의 계좌에서 인출되었는데, 그 돈은 분명히 상대방에게 들어갔을 것이라고 주장하면서 상대방의 계좌에 대한 금융거래정보제출명령을 신청하는 것이다. 이러한 경우 피상속인의 계좌에서 다액의 현금이 인출된 시점으로부터 1개월 정도의 기간에 대한 상대방 계좌 조회는 허용될 수 있다. 다만 이러한 형태의 금융거래정보제출명령을 받기 위해서는 신청서에 그 입증 취지를 자세히 기재하여야 한다. 그렇지 않으면 모색적 증거 신청으로 증거 신청이 기각될 가능성이 크다.

구체적인 사례 풀어보기

이제까지 상속재산을 받을 상속인들을 확정하고, 분할대상인 상속재산을 확정한 다음 일부 상속인들의 특별수익과 기여분을 조사하여 각 상속인들의 구체적 상속분까지 결정한 후 마지막으로 상속재산을 분할하는 방법까지 살펴보았다. 그럼 지금까지 공부한 내용을 실제 사례[1]에 적용하면서 상속재산분할절차에 대한 설명을 마치기로 한다.

사례 1 (기본형)

상속개시 당시 피상속인 명의 재산의 가액이 5,000만 원, 공동상속인으로 배우자 A, 자녀 B, C가 있고 A에 대한 생전 증여 가액이 2,000만 원, B에 대한 유증가액이 1,000만 원

1. 간주상속재산: 7,000만 원

[= 분할대상 상속재산 4,000만 원(= 상속개시 당시 피상속인 명의의 재산 5,000만 원 − B에 대한 유증 1,000만 원) + 특별수익 합계

---

1) 사례는 법원행정처 발간 "법원실무제요. [4−2]: 가사(Ⅱ)"의 해당 부분을 참조하였는바, 가능한 모든 유형이 망라되어 있으므로 실제 사례에서는 금액만 바꿔서 적용하면 유용하게 활용할 수 있다.

3,000만 원(=A에 대한 생전 증여 2,000만 원+B에 대한 유증 1,000
만 원)]

2. 법정상속분액의 산정

　　가. 배우자 A: 3,000만 원(=7,000만 원×3/7지분)

　　나. 자녀 B, C: 각 2,000만 원(=7,000만 원×2/7지분)

3. 구체적 상속분액의 산정

　　가. 배우자 A: 1,000만 원(=3,000만 원-특별수익 2,000만 원)

　　나. 자녀 B: 1,000만 원(=2,000만 원-특별수익 1,000만 원)

　　다. 자녀 C: 2,000만 원

4. 구체적 상속분율

　　가. 배우자 A: 1,000만 원/4,000만 원=1/4=0.25

　　나. 자녀 B: 1,000만 원/4,000만 원=1/4=0.25

　　다. 자녀 C: 2,000만 원/4,000만 원=1/2=0.5

최종 상속분액은 상속재산분할심판 당시 상속재산의 가액에다가 구
체적 상속분율을 곱하면 된다. 만약 상속재산분할심판 당시 상속재산의
가액과 피상속인 사망 당시 상속재산의 가액이 같은 경우 구체적 상속
분액이 최종 상속분액이 된다. 위 계산을 표로 정리하면 다음과 같다.

(단위: 만 원)

내역	법정 상속분액	상속인별 특별수익액	구체적 상속분액	구체적 상속분율
배우자 A	3,000	2,000	1,000	0.25

자녀 B	2,000	1,000	1,000	0.25
자녀 C	2,000	0	2,000	0.5
합계	7,000	3,000	4,000	1

사례 2 (초과 특별수익자가 있는 경우)

상속개시 당시 피상속인 명의 재산의 가액이 6,000만 원, 공동상속인으로 배우자 A, 자녀 B, C가 있고 A에 대한 생전 증여 가액이 8,000만 원, B에 대한 유증가액이 3,000만 원

1. 간주상속재산: 1억 4,000만 원

    [= 분할대상 상속재산 3,000만 원(= 상속개시 당시 피상속인 명의의 재산 6,000만 원 − B에 대한 유증 3,000만 원) + 특별수익 합계 1억 1,000만 원(= A에 대한 생전 증여 8,000만 원 + B에 대한 유증 3,000만 원)]

2. 법정상속분액의 산정

    가. 배우자 A: 6,000만 원(= 1억 4,000만 원 × 3/7지분)

    나. 자녀 B, C: 각 4,000만 원(= 1억 4,000만 원 × 2/7지분)

3. 최초 구체적 상속분액의 산정

    가. 배우자 A: − 2,000만 원(= 6,000만 원 − 특별수익 8,000만 원)

    나. 자녀 B: 1,000만 원(= 4,000만 원 − 특별수익 3,000만 원)

    다. 자녀 C: 4,000만 원

4. 초과특별수익자의 처리와 상속분의 수정

가. 법정상속분의 비율에 따라 A의 초과특별수익 부담하여 구체
   적 상속분 수정
   1) 자녀 B: 0원
      [= 최초 구체적 상속분액 1,000만 원 − 부담액 1,000만 원
      (초과특별수익 2,000만 원×1/2지분)]
   2) 자녀 C: 3,000만 원
      [= 최초 구체적 상속분액 4,000만 원 − 부담액 1,000만 원
      (초과특별수익 2,000만 원×1/2지분)]
나. 최종 구체적 상속분 지분(최종 구체적 상속분율)
   1) 배우자 A: 0(초과특별수익자)
   2) 자녀 B: 0
   3) 자녀 C: 1(= 3,000만 원/3,000만 원)

(단위: 만 원)

내역	법정 상속분액	상속인별 특별 수익액	구체적 상속분액	안분 공제액	안분 공제결과	구체적 상속분율
배우자 A	6,000	8,000	−2,000	0	0	0
자녀 B	4,000	3,000	1,000	−1,000	0	0
자녀 C	4,000	0	4,000	−1,000	3,000	1
합계	14,000	11,000	3,000	−2,000	3,000	1

사례 3 (기여자만 있는 경우)

상속개시 당시 피상속인 명의 재산의 가액이 9,800만 원, 공동상속인으로 배우자 A, 자녀 B, C, D가 있고 B의 기여분이 800만 원

1. 간주상속재산: 9,000만 원

   [=분할대상 상속재산 9,800만 원(=상속개시 당시 피상속인 명의의 재산)-B의 기여분 800만 원]

2. 법정상속분액의 산정

   가. 배우자 A: 3,000만 원(=9,000만 원×3/9지분)

   나. 자녀 B, C, D: 각 2,000만 원(=9,000만 원×2/9지분)

3. 구체적 상속분액의 산정

   가. 배우자 A: 3,000만 원

   나. 자녀 B: 2,800만 원(=법정상속분액 2,000만 원+기여분 800만 원)

   다. 자녀 C, D: 각 2,000만 원

4. 구체적 상속분율(소수점 이하 다섯 번째 자리에서 반올림)

   가. 배우자 A: 3,000만 원/9,800만 원=0.3061

   나. 자녀 B: 2,800만 원/9,800만 원=0.2857

   다. 자녀 C, D: 각 2,000만 원/9,800만 원=0.2041

내역	법정 상속분액	상속인별 기여분액	구체적 상속분액	안분 공제액
배우자 A	3,000	0	3,000	0.3016
자녀 B	2,000	800	2,800	0.2857
자녀 C	2,000	0	2,000	0.2041
자녀 D	2,000	0	2,000	0.2041
합계	9,000	800	9,800	1

사례 4 (특별수익자와 기여자가 있는 경우)

상속개시 당시 피상속인 명의 재산의 가액이 1억 8,000만 원, 공동
상속인으로 배우자 A, 자녀 B, C, D가 있고 A의 기여분이 20%(3,600
만 원), B에 대한 생전 증여 가액이 1,800만 원

1. 간주상속재산: 1억 6,200만 원

   [= 분할대상 상속재산 1억 8,000만 원(= 상속개시 당시 피상속
   인 명의의 재산) + B의 특별수익 1,800만 원 − A의 기여분 3,600
   만 원]

2. 법정상속분액의 산정

   가. 배우자 A: 5,400만 원(= 1억 6,200만 원×3/9지분)

   나. 자녀 B, C, D: 각 3,600만 원(= 1억 6,200만 원×2/9지분)

3. 구체적 상속분액의 산정

   가. 배우자 A: 9,000만 원(= 법정상속분액 5,400만 원 + 기여분 3,600만 원)

나. 자녀 B: 1,800만 원(=법정상속분액 3,600만 원-특별수익 1,800
만 원)

다. 자녀 C, D: 각 3,600만 원(=법정상속분액)

4. 구체적 상속분율

가. 배우자 A: 9,000만 원/1억 8,000만 원=0.5

나. 자녀 B: 1,800만 원/1억 8,000만 원=0.1

다. 자녀 C, D: 각 3,600만 원/1악 8,000만 원=0.2

(단위: 만 원)

내역	법정 상속분액	상속인별 특별수익액	상속인별 기여분액	구체적 상속분액	구체적 상속분율
배우자 A	5,400	0	3,600	9,000	0.5
자녀 B	3,600	1,800	0	1,800	0.1
자녀 C	3,600	0	0	3,600	0.1
자녀 D	3,600	0	0	3,600	0.2
합계	16,200	1,800	3,600	18,000	1

사례 5 (초과특별수익자와 기여자가 있는 경우)

상속개시 당시 피상속인 명의 재산의 가액이 8,000만 원, 공동상속인
으로 배우자 A, 자녀 B, C가 있고 A의 기여분이 1,000만 원, B에 대한
생전 증여 가액이 3,500만 원

1. 간주상속재산: 1억 500만 원

   [＝분할대상 상속재산 8,000만 원＋B의 특별수익 3,500만 원－A의 기여분 1,000만 원]

2. 법정상속분액의 산정

   가. 배우자 A: 4,500만 원(＝1억 500만 원×3/7지분)

   나. 자녀 B, C: 각 3,000만 원(＝1억 500만 원×각 2/7지분)

3. 최초 구체적 상속분의 산정

   가. 배우자 A: 5,500만 원(＝법정상속분액 4,500만 원＋기여분 1,000만 원)

   나. 자녀 B: －500만 원(＝법정상속분액 3,000만 원－특별수익 3,500만 원)

   다. 자녀 C: 3,000만 원(＝법정상속분액)

4. 초과특별수익자의 처리와 상속분의 수정

   가. 법정 상속분을 기준으로 B의 초과특별수익 안분 공제하여 구체적 상속분 수정

      1) 배우자 A: 5,200만 원

         [＝최초 구체적 상속분액 5,500만 원－안분공제액 300만 원(＝초과특별수익 500만 원×3/5지분)]

      2) 자녀 C: 2,800만 원

         [＝최초 구체적 상속분액 3,000만 원－안분공제액 200만 원(＝초과특별수익 500만 원×2/5지분)]

   나. 최종 구체적 상속분율

      1) 배우자 A: 5,200만 원/8,000만 원＝0.65

2) 자녀 B: 0

3) 자녀 C: 2,800만 원/8,000만 원=0.35

(단위: 만 원)

내역	법정 상속분액	상속인별 특별 수익액	상속인별 기여분액	구체적 상속분액	안분 공제액	안분 공제결과	구체적 상속분율
배우자 A	4,500	0	1,000	5,500	−300	5,200	0.65
자녀 B	3,000	3,500	0	−500	0	0	0
자녀 C	3,000	0	0	3,000	−200	2,800	0.35
합계	10,500	3,500	1,000	8,000	−500	8,000	1

사례 6 (피상속인이 유언으로 상속분을 지정한 경우)[2]

상속개시 당시 피상속인 명의 재산의 가액이 1억 2,000만 원, 공동
상속인으로 배우자 A, 자녀 B, C, D가 있고, 피상속인이 유언으로 A
의 상속분을 법정상속분인 3/9보다 1/6 더 많은 1/2로 지정, B의 기여
분으로 3,000만 원 인정

1. 간주상속재산: 9,000만 원

　[＝분할대상 상속재산 1억 2,000만 원(＝상속개시 당시 피상속인

---

2) 피상속인이 유언으로 상속분을 지정하게 되면 그 지정상속분은 법정상속분
　에 우선하지만, 유류분을 넘는 상속분의 지정을 받은 자는 유류분을 침해받
　은 상속인으로부터 유류분반환청구를 당할 수 있다.

명의의 재산)−B의 기여분 3,000만 원]

2. 지정 또는 법정상속분액의 산정

　가. 배우자 A: 4,500만 원[＝9,000만 원×1/2(＝3/9＋1/6)]

　나. 자녀 B, C, D: 각 1,500만 원[＝9,000만 원×3/18＝2/9−(1/6×1/3)]

3. 구체적 상속분액의 산정

　가. 배우자 A: 4,500만 원

　나. 자녀 B: 4,500만 원(＝1,500만 원＋B 기여분 3,000만 원)

　다. 자녀 C, D: 각 1,500만 원

4. 구체적 상속분율

　가. 배우자 A, 자녀 B: 각 4,500만 원/1억 2,000만 원＝0.375

　나. 자녀 C, D: 각 1,500만 원/1억 2,000만 원＝0.125

(단위: 만 원)

내역	법정 상속분액	상속인별 기여분액	구체적 상속분액	구체적 상속분율
배우자 A	4,500	0	4,500	0.375
자녀 B	1,500	3,000	4,500	0.375
자녀 C	1,500	0	1,500	0.125
자녀 D	1,500	0	1,500	0.125
합계	7,500	3,000	10,500	1

사례 7 (피상속인이 유증을 한 경우)

상속개시 당시 피상속인 명의 재산의 가액이 1억 2,000만 원, 공동
상속인으로 배우자 A, 자녀 B, C, D가 있고, 피상속인이 A에게 2,000
만 원을 유증, B의 기여분으로 3,000만 원 인정

1. 간주상속재산: 9,000만 원

   [＝분할대상 상속재산 1억 원(＝상속개시 당시 피상속인 명의의 재
   산 1억 2,000만 원－A에 대한 유증분 2,000만 원)＋A의 특별수익
   2,000만 원－B의 기여분 3,000만 원]

2. 법정상속분액의 산정

   가. 배우자 A: 3,000만 원(＝9,000만 원×3/9)

   나. 자녀 B, C, D: 각 2,000만 원(＝9,000만 원×2/9)

3. 구체적 상속분액의 산정

   가. 배우자 A: 1,000만 원(＝3,000만 원－특별수익 2,000만 원)

   나. 자녀 B: 5,000만 원(＝2,000만 원＋기여분 3,000만 원)

   다. 자녀 C, D: 각 2,000만 원

4. 구체적 상속분율

   가. 배우자 A: 1,000만 원/1억 원＝0.1

   나. 자녀 B: 5,000만 원/1억 원＝0.5

   다. 자녀 C, D: 각 2,000만 원/1억 원＝0.1

(단위: 만 원)

내역	법정 상속분액	상속인별 특별수익액	상속인별 기여분액	구체적 상속분액	구체적 상속분율
배우자 A	3,000	2,000	0	1,000	0.1
자녀 B	2,000	0	3,000	5,000	0.5
자녀 C	2,000	0	0	2,000	0.2
자녀 D	2,000	0	0	2,000	0.2
합계	9,000	2,000	3,000	10,000	1

사례 8 (종합사례)

상속개시 당시 피상속인 명의 재산으로 2억 원 상당의 토지와 현금 8,000만 원이 있고, 공동상속인으로 배우자 A, 자녀 B, C가 있음. 피상속인은 생전에 B에게 1억 원 상당의 건물을 증여한 사실이 있고, 위 현금 중 2,000만 원은 C에게, 나머지 6,000만 원은 제3자인 D에게 유증, A의 기여분으로 4,000만 원 인정. 한편 상속개시 이후 위 토지의 시가가 상승하여 분할심판 시에는 3억 원이 됨.

1. 간주상속재산: 2억 8,000만 원

[＝분할대상 상속재산 2억 원(피상속인 명의의 상속재산 2억 8,000만 원－상속인 C에 대한 현금 유증분 2,000만 원－제3자 D에 대한 현금 유증분 6,000만 원)＋특별수익 합계 1억 2,000만 원(＝B에 대한 건물 증여 1억 원＋C에 대한 현금 유증 2,000만 원)－A의 기여분

4,000만 원]

2. 법정상속분액의 산정

　가. 배우자 A: 1억 2,000만 원(=2억 8,000만 원×3/7지분)

　나. 자녀 B, C: 각 8,000만 원(=2억 8,000만 원×각 2/7지분)

3. 최초 구체적 상속분의 산정

　가. 배우자 A: 1억 6,000만 원(=법정상속분액 1억 2,000만 원+기
　　여분 4,000만 원)

　나. 자녀 B: −2,000만 원(=법정상속분액 8,000만 원−특별수익 1억 원)

　다. 자녀 C: 6,000만 원(=법정상속분액 8,000만 원−특별수익 2,000
　　만 원)

4. 초과특별수익자의 처리와 상속분의 수정

　가. 배우자 A: 1억 4,800만 원[=최초 구체적 상속분액 1억 6,000만
　　원−부담액 1,200만 원(=초과특별수익 2,000만 원×3/5)]

　나. 자녀 B: 0원(초과분을 반환하지는 않음)

　다. 자녀 C: 5,200만 원[=최초 구체적 상속분액 6,000만 원−부담액
　　800만 원(=초과특별수익 2,000만 원×2/5)]

5. 최종 구체적 상속분 지분

　가. 배우자 A: 1억 4,800만 원/2억 원=0.74

　나. 자녀 B: 0

　다. 자녀 C: 1억 4,800만 원/2억 원=0.26

6. 최종 상속분액

차액 정산에 의한 현물분할 또는 대상분할을 위한 최종 상속분액
은 분할심판시의 토지 시가 3억 원을 기준으로 계산

가. 배우자 A: 2억 2,200만 원(=3억 원×0.74)

나. 자녀 C: 7,800만 원(=3억 원×0.26)

(단위: 만 원)

내역	법정 상속 분액	상속 인별 특별 수익액	상속 인별 기여 분액	구체적 상속 분액	안분 공제액	안분 공제 결과	구체적 상속 분율
배우자 A	12,000	0	4,000	16,000	−1,200	14,800	0.74
자녀 B	8,000	10,000	0	−2,000	0	0	0
자녀 C	8,000	2,000	0	6,000	−800	5,200	0.26
합계	28,000	12,000	4,000	20,000	−2,000	20,000	1

상속재산분할 명세표

재판부 : 제1가사부

사건번호 :

피상속인 : 망 ○○○(300321-1)   상속개시일(사망일) : 2022. 12. 30.

※ 주의사항

1. 아래 표(예시임. 구체적 사안에 맞게 기입해 넣을 것)에 기재하지 않은 재산은 상속재산분대상으로 고려하지 아니할 예정이므로, 자신 및 상대방 모두에 대하여 그 재산으로 주장하는 것은 빠짐없이 기재할 것.
2. 해당 재산에 관하여 특이사항이 있으면 비고란에 기재할 것.
3. 상속재산과 특별수익의 상속개시 당시 가액을 밝힐 것. 당사자 사이에 시가에 관한 다툼이 있을 경우 아래 사항을 참조하여 해당 자료를 제출할 것.
   – 아파트: 국민은행 부동산 시세 자료(http://www.kbstar.com/)와

국토해양부 실거래가 자료(http://rt.molit.go.kr/, 최근 1년 이내의
것)를 모두 제출할 것.

- 기타 부동산: 감정 절차를 거치되, 상속재산의 상속개시 당시
  가액과 현재 시점의 가액에 관한 다툼이 있을 경우 두 가액 모
  두를 감정할 것(특별수익의 경우 상속개시 당시 가액을 감정할 것).
- 차량: 해당 차량 가액이 기재된 보험계약서를 제출하고, 이를
  제출하지 못할 경우 인터넷 중고차거래 사이트 자료, 보험개발
  원 차량기준가액 자료(http://www.kidi.or.kr)를 제출할 것.
- 골프회원권이나 콘도회원권: 회원권 거래소 시세 자료를 제출할 것.
4. 서울가정법원 홈페이지 '자주 묻는 질문' 게시판에 아래 표의 한
   글파일이 게시되어 있으니, 해당 파일을 다운로드받아 작성하여
   도 됨(이 경우 작성한 문서를 준비서면에 파일로 첨부하기 바람).

1. 상속인 목록

내역	성명	법정상속분, 분수(A`)	법정상속분, 소수(A)	비고 (피상속인과의 관계)
상속인1(청구인)	김재일	2/9	0.22222	직계비속
상속인2(상대방1)	김재이	2/9	0.22222	직계비속
상속인3(상대방2)	김재삼	2/9	0.22222	직계비속
상속인4(상대방3)	박명숙	3/9	0.33333	배우자
상속인5				

상속인6				
상속인7				
상속인8				
상속분 합계		/	/	

* 피상속인과 상속인들의 가족관계를 알 수 있는 **가계도(피상속인 기준)**를 작성
하여 첨부할 것.
* 대습상속인이 있는 경우, 피상속인 및 피대습상속인의 각 사망일자와 피대습
상속인 배우자의 재혼여부, 재혼일자를 아울러 기재할 것.

2. 상속재산 목록

- 피상속인 명의의 재산을 원칙으로 한다.

	순번	재산내역	가액 (상속개시 당시) (B)	가액* (현재시점) (C)	증거	비고
부동산	1	서울 성북구 길음동 ○○아파트 ○○동 ○○호	255,000,000	300,000,000	갑6-1, 감정 평가서	전세보증금 반환채무 존재 (1억 5천)
	2	용인시 기흥구 중동 ○○번지 임야	82,000,000	89,000,000	갑7, 감정 평가서	
	3	벤츠 CLS350 승용차(61서3187)	40,000,000	28,000,000	갑8, 24	
	4					
	5					
		소계	377,000,000	417,000,000		
채권등	1	○○은행 정기예금 (계좌번호: 1020-510-461065)	30,222,739	30,222,739	갑11, ○○은행 회신	
	2					

3				
4				
5				
6				
7				
8				
9				
10				
소계		30,222,739	30,222,739	
총합계(B or C)		407,222,739	447,222,739	

* 부동산의 경우 상속개시 당시와 현재 시점의 가액 자료가 필요함(상속개시 당시와 현재 시점의 가액 차이가 크지 않다고 판단하는 경우, 두 시점의 가액이 일치하는 것으로 정리할 수 있음).
* 상속인에게 유증된 재산은 상속재산 목록에 기재하지 않고 특별수익 목록에만 기재함.
* 채무는 원칙적으로 상속재산분할의 대상이 아니나, 비고란에 기재할 수 있음.

3. 특별수익 목록(D)

- 피상속인으로부터 상속인(그 가족들도 포함될 수 있음)이 생전 증여받거나 유증받은 재산을 말한다.

수익자	순번	수익일시	수익내용	수익액 (수익당시)	시가* (상속개시당시) (D)	증거	비고
청구인	1	2004. 5. 6.	현금(전세금)	100,000,000	116,590,909	을 6	
	2	2006. 8. 22.	예금	50,000,000	57,770,270	을 8	
	3	2009. 3. 9.	청구인의 자녀에게 현금 증여	15,000,000	15,882,352	을 9	
	4						
		소계			190,243,531		
상대	1	2012. 12. 30.	현금(유증)	100,000,000	100,000,000	을 2	

방 김 재 이	2	2011. 7. 16.	현금	20,000,000	20,000,000	갑 13	
	3						
	4						
		소계			120,000,000		
상 대 방 박 명 숙	1	2001. 8. 22.	쌍문동 OO아파트 OO동 OO호		200,000,000	갑 12, 23	
	2						
	3						
	4						
		소계			200,000,000		
		총합계(D)			510,243,531		

* 현금 특별수익의 경우 수익 당시의 수익액을 상속개시 당시의 현가로 계산하여 기입함(GDP 디플레이터 사용. 단, 현가 계산 생략하고 수익 당시 금액을 상속개시 당시의 현가와 같다고 할 수 있음).
* 부동산 특별수익의 경우 상속개시 당시의 시가 자료가 필요하고, 이를 '시가' 란에 기재함.

4. 기여분(G)

- 민법 제1008조의2 제3항. 상속재산 중 적극재산을 표준으로 계산한다(주장비율은 %를 정수로 기재하고, 가액으로 주장하는 경우 기여분액에 해당 가액 기재).

기여상속인	주장비율(F, %)	기여분액(G) (B × F)	비고
청구인			
상대방 박명숙	10	40,722,273	
합계(G)		40,722,273	

5. 간주상속재산(H)

- 상속개시 당시 재산가액(B)(합계)＋특별수익(D)(합계)－기여분(G)(합계)으로 계산한다.

항 목	금 액	비고
상속재산(B)	407,222,739	
특별수익 합계(D)	510,243,531	
소계(Q)	917,466,270	
기여분 합계(G)	40,722,273	
간주상속재산(H) 금액(=Q–G)	876,743,997	

6. 구체적 상속분 계산

가. 기여분 포함

① 법정상속분액(I) = 간주상속재산(H)×각 법정상속지분(A)

② 구체적 상속분액(K) = 법정상속분액(I)－각 특별수익(D)+각 기여분(G)

③ 구체적 상속분율(L) = 상속인별 구체적 상속분/상속인들 전체의 구체적 상속분 합계

④ 최종 상속분액(M) = 상속재산의 현재시점 가액(C)×구체적 상속분율(L)

내역	법정 상속분액(I)	상속인별 특별수익(D)	상속인별 기여분(G)	구체적 상속분액(K)	구체적 상속분율(L)	최종 상속분액(M)
상속인1	194,831,999	190,243,541	0	4,588,468	0.011	4,919,450

상속인2	194,831,999	120,000,000	0	74,831,999	0.184	82,288,983
상속인3	194,831,999	0	0	194,831,999	0.478	213,772,469
상속인4	292,247,999	200,000,000	40,722,273	132,970,272	0.327	146,241,835
상속인5						
상속인6						
상속인7						
상속인8						
합계	876,743,996	510,243,541	40,722,273	407,222,738	1	447,222,737

나. 기여분 불포함(기여분이 인정되지 않을 경우)

(※ 기여분을 주장하는 경우라도 반드시 작성할 것)

① 법정상속분액(I') = 위 제5항의 Q × 각 법정상속지분(A)

② 구체적 상속분액(K') = 법정상속분액(I')−각 특별수익(D)

③ 구체적 상속분율(L') = 상속인별 구체적 상속분/상속인들 전체의 구체적 상속분 합계

④ 최종 상속분(M') = 상속재산의 현재시점 가액(C) × 구체적 상속분율(L')

내역	법정 상속분액(I')	상속인별 특별수익(D)	구체적 상속분액(K')	구체적 상속분율(L')	최종 상속분액(M')
상속인1	203,881,393	190,243,541	13,637,862	0.033	14,758,350
상속인2	203,881,393	120,000,000	83,881,393	0.206	92,127,884
상속인3	203,881,393	0	203,881,393	0.501	224,058,592
상속인4	305,822,090	200,000,000	105,822,090	0.26	116,277,912
상속인5					
상속인6					
상속인7					
상속인8					
합계	917,466,269	510,243,541	407,222,738	1	447,222,738

* 서울가정법원 홈페이지에 게시되어 배포되고 있는 상속재산분할명세표.

상속, 이혼, 소년심판 그리고 법원

상속, 이혼, 소년심판 그리고 법원

chapter

02

이혼소송 편

이혼사유

이혼소송을 통해 이혼하려면 이혼사유가 있어야 하는데, 각각의 이혼사유는 별개의 소송물이므로 법원은 원고가 주장하는 이혼사유에 대해서만 판단하고 직권으로 이혼사유를 조사하지는 않는다. 즉 원고가 주장하는 이혼사유에 대해서만 판단한다는 얘기다. 이혼사유는 민법 제840조에 정해져 있다. 이혼사유가 있어야 이혼청구가 받아들여진다.

구체적으로 살펴보면, 1) 배우자의 부정한 행위가 있었을 때, 2) 배우자가 악의로 다른 일방을 유기한 때, 3) 배우자 또는 그 직계존속으로부터 심히 부당한 대우를 받았을 때, 4) 자기의 직계존속이 배우자로부터 심히 부당한 대우를 받았을 때, 5) 배우자의 생사가 3년 이상 분명하지 아니한 때, 6) 기타 혼인을 계속하기 어려운 중대한 사유가 있을 때이다.

그중 예전에도 많았지만 특히 요즘 많이 등장하는 이혼사유는 배우자의 부정행위이다. 여기서 말하는 부정행위는 간통보다 넓은 개념으로 간통에까지 이르지 않더라도 부부의 정조의무에 충실하지 않은 일체의 행위를 말한다. 헌법재판소의 위헌 결정으로 폐지된 간통죄는 성관계가 있어야 성립되는 범죄였으나 이혼사유에 해당하는 부정행위는 간통과 다르다. 즉 같이 잠자리를 갖지 않더라도, 서로 애정이 담긴 메시지를 주고받는다든지, 손을 잡고 걸어 다니는 경우라도 상황에 따라 부정행위가 될 수 있고 그러면 이혼사유가 된다. 부정행위는 남편의 경우와 아내의 경우에 차이가 있을 수 없고, 단지 일회성 만남이건 계속적 만남이건 불문한다. 따라서 남편이 술을 마시고 1회성 성매매를 하였다고 하더라도 이는 부정행위에 해당한다.

다만, 부정행위는 부부 일방 내심의 자유로운 의사에 기한 것이어야 한다. 따라서 자유로운 의사에 기하여 다른 사람과 성적 관계를 맺거나 스킨십을 한 경우 부정행위에 해당하나, 본인의 의사와 상관없이 강간을 당하거나 추행을 당한 경우 이혼사유인 부정한 행위에 해당되지 않는다. 또한, 부정행위는 혼인 중에 일어난 부정행위를 뜻하므로 혼인 전의 행위는 설사 그것이 약혼단계에서 한 부정행위라 하더라도 이혼사유에 해당하지 않음은 당연하다.

한편 부부 일방이 상대방의 부정행위에 대하여 미리 동의를 하거나 나중에 용서한 때에는 부정행위를 이유로 이혼청구를 할 수 없다. 명시적으로 배우자에게 다른 사람과 성관계를 가져도 된다고 말했다면 부정행위에 대한 동의가 있는 것으로 본다. 상대방의 부정행위를 알고 있었다면, 이를 이유로 이혼소송을 제기할지 말지 빨리 결단해야 한다. 왜냐하면 부정행위를 원인으로 한 이혼청구의 소는 그 사유를 안 날로부터 6월, 그 사유가 있는 날로부터 2년 안에 제기되어야 하기 때문이다. 위 기간을 도과하여 제기된 부정행위를 원인으로 한 이혼소송은 받아들여지지 않는다.

부부는 동거하고 서로 부양하며 협조하여야 할 기본적 의무를 부담한다. 따라서 부부 일방이 정당한 사유 없이 서로 동거·부양·협조하여야 할 부부로서의 기본적인 의무를 포기하고 다른 일방을 버린 경우에도 이혼사유가 된다. 다만, 합의에 의한 별거는 이에 해당하지 않는다. 상대방을 내쫓거나 상대방을 두고 나가거나 상대방으로 하여금 나가게 만든 다음 돌아오지 못하게 하는 경우가 모두 이에 해당한다. 다만 상대방의 폭행·학대 등을 피해 불가피하게 가출한 경우에는 이에 해당하지 않는다.

만약 배우자 일방이 부양의무는 이행하면서 동거의무는 이행하지 않는 경우 또는 동거의무는 이행하면서 부양의무는 이행하지 않는 경우에 이혼사유가 될까? 일반적으로 부부간의 본질적인 의무인 동거의무를 위반한 경우에는 부양의무의 이행 여부를 따질 필요 없이 동거의무 위반 그 자체만으로 이혼사유가 된다고 보아야 한다. 반대로 동거의무는 이행하면서 부양의무를 이행하지 않는 경우에는 그 경위, 동기, 목적, 상대방의 경제적 능력 등에 비추어 혼인관계를 폐지할 의사나 목적으로 부양의무를 이행하지 않는 것으로 볼 수 있다면 이혼사유가 될 수 있다. 만약 특별한 사정에 의하여 일시적으로 부양의무를 이행하지 못하고 있는 것이라면 부양의무 위반만으로는 이혼사유가 되기 어렵다.

나아가 배우자 또는 그의 직계존속(배우자의 부모, 조부모)으로부터 혼인관계의 지속을 강요하는 것이 가혹하다고 여겨질 정도의 폭행이나 학대 또는 모욕을 받은 경우에도 이혼사유가 된다. 즉 시어머니나 장모가 며느리나 사위에게 참을 수 없을 정도의 모욕을 주는 경우인데, 이는 부정행위와 더불어 최근 이혼소송에서 자주 등장하는 이혼사유이다. 반대로 배우자가 나의 부모를 학대하는 경우, 즉 부부 일방의 직계존속이 상대방으로부터 같은 정도의 폭행이나 학대 또는 모욕을 받은 경우에도 이혼사유가 된다.

또한 배우자의 생사가 3년 이상 분명하지 아니한 때에도 이혼 사유가 된다. 이 이혼사유는 나이 차이가 많이 나는 젊은 외국 여성과 국제결혼한 남성 측에서 많이 주장하는 이혼사유이다. 주로 한국 비자발급을 목적으로 대한민국 남성과 혼인하였다가 혼인 후 며칠 뒤에 가출하여 연락이 두절되는 경우가 많다. 그 밖에 정신병, 알코올중독, 마약중독, 의처증, 의부증, 과도한 신앙생활, 범죄행위, 성교 거부, 성적 불능 등도 상황에 따라 이혼사유가 될 수 있다.

유책배우자의 이혼청구

혼인생활의 파탄에 대하여 주된 책임이 있는 자는 원칙적으로 그 파탄을 사유로 하여 이혼을 청구할 수 없는 것이 원칙이다. 이것을 유책배우자의 이혼청구라 한다. 설령 상대방에게 이혼 사유가 있다고 하더라도 전체적으로 보아 그보다 더 주된 책임이 있는 자는 이혼청구를 할 수 없다. 다만, 이혼청구를 하는 원고에게 잘못이 있더라도 파탄의 원인에 대한 원고의 책임이 피고의 책임보다 더 무겁다고 인정되지 않는다면 이

혼청구를 할 수 있다. 그런데 유책배우자의 이혼청구라 하더라도 상대방 역시 그 파탄 이후 혼인을 계속할 의사가 없음을 객관적으로 명백하게 표시한 경우에는 예외적으로 유책배우자의 이혼청구가 인정될 수 있다.

예를 들어, 부정행위를 저지른 부부 일방이 다른 일방을 상대로 이혼청구를 하는 경우 원칙적으로 그 이혼청구는 유책배우자의 이혼청구로서 받아들여지지 않지만 상대방도 혼인을 유지할 의사가 전혀 없고, 단지 오기나 보복적 감정에서 이혼청구에 응하지 않을 뿐인 경우에는 이혼청구가 받아들여질 수 있다는 얘기다. 그 밖에 이혼을 청구하는 일방의 유책성을 상쇄할 정도로 상대방 배우자 및 자녀에 대한 보호와 배려가 이루어진 경우, 세월의 경과에 따라 혼인 파탄 당시 현저하였던 유책배우자의 유책성과 상대방 배우자가 받은 정신적 고통이 점차 약화되어 쌍방의 책임의 경중을 엄밀히 따지는 것이 더 이상 무의미할 정도가 된 경우에도 유책배우자의 이혼청구라도 인용될 수 있다.

혼인 파탄의 유책성은 혼인파탄의 원인이 되는 유책성을 말하므로 혼인관계가 완전히 파탄된 이후 있는 일을 가지고 따질 것은 아니다. 즉 이미 다른 원인에 의하여 혼인관계가 완전히 파탄된 경우에는 설령 부부 일방에게 유책한 행위가 있더라도 그 사유만으로 이혼청구가 기각되지는 않는다. 예를 들어, 이미 부부관계가 완전히 파탄되어 부부관계의 실체가 남지 않은 상태에서 부부 일방이 부정행위를 저질렀을 경우 부정행위를 저지른 쪽에서 이혼청구를 하더라도 그 이혼청구는 받아들여질 가능성이 있다는 것이다. 당연한 얘기지만 유책배우자였다

하더라도 일단 혼인관계가 해소되면 그 해소된 날로부터 2년 이내에 재산분할청구는 할 수 있다. 가끔 재산분할청구과 위자료청구를 헷갈리는 사람들이 있는데, 두 청구의 요건은 완전히 다르다.

상속, 이혼, 소년심판 그리고 법원

부정행위로 인한
혼인 파탄에 따른 위자료

나는 2012년 2월부터 2014년 2월까지 2년간 가사재판 업무를 담당했다. 당시 담당했던 업무는 가사단독, 비송단독, 가사합의, 가사비송합의 사건과 가사신청 사건이었다. 즉 가사와 관련된 모든 사건을 다루었다. 그 당시 부부 일방의 부정행위로 인하여 혼인관계가 파탄되었

고, 피해자인 부부 일방이 부정행위를 저지른 배우자 및 부정행위의
상대방을 상대로 하여 제기한 손해배상청구소송에서의 위자료는 일반
적으로 부정행위 배우자의 경우 3,000만 원, 상대방의 경우 1,500만
원 정도였다. 여기에 부정행위의 기간 및 내용 등을 고려해 위자료 액
수가 적절히 가감되었다. 부정행위가 있었으나 혼인관계가 파탄되지
않아 가사사건이 아닌 민사사건으로 처리되는 손해배상청구소송에서
의 위자료 액수는 보통 1,000만 원 내외였다.

그 후 10여 년간 민사·형사재판, 소년재판을 맡다가 2022년 2월부
터 다시 가사재판을 맡게 되었는데, 2012년부터 10년이 지난 2022년
에도 여전히 부정행위로 인한 혼인관계 파탄에 따른 위자료는 "3,000
만 원/1500만 원" 기준이 주류를 이루고 있었다. 10년이 지났으면 물
가도 많이 올랐을 텐데 과연 이 정도의 위자료가 적정한 것일까 하는
의문이 들었다. 물론 위자료 액수에 대해 정해진 기준이나 답은 없다.
그리고 개별 사안마다 부정행위의 내용 및 기간, 부정행위에 이르게
된 동기, 부정행위 당시 부부관계 등이 모두 다르기 때문에 일률적인
기준을 정해놓고 무작정 그 기준을 적용하는 것은 불가능할 뿐만 아니
라 부적절하다. 다만, 현재 부정행위로 혼인 관계를 파탄시킨 사람들이
저지른 불법행위에 대해 일반적으로 정해지는 손해배상액수가 적절한
지는 의문이다.

일각에서는 물가가 오른 것도 사실이지만, 혼외정사에 대한 사회 인
식의 변화, 개인 사생활의 자유 보장 등으로 부정행위의 불법성은 예

전보다 약해졌다는 주장을 한다. 그들은 이제 부정행위는 혼인을 유지하는 동안 이전보다 자주 등장할 수밖에 없는 자연스러운 일이므로 부정행위로 인해 피해자가 받게 되는 정신적 고통도 그만큼 줄어들었고, 따라서 부정행위로 인해 혼인관계가 파탄되었다고 하더라도 위자료 액수를 이전보다 증액할 필요는 없다고 한다.

그러나 이러한 주장은 수긍하기가 어렵다. 부정행위가 빈번해졌다고 해도 이것이 혼인관계를 파탄시키는 위법한 행위라는 데는 별 이견이 없을 것이다. 부부 일방이 부정행위를 저질렀지만 다른 일방이 이를 용서하여 혼인관계가 파탄되지 않았다고 하더라도 그 당사자는 정신적 고통을 받는 것이 당연하다. 만약 어떠한 부정행위로 인하여 혼인관계까지 파탄되었다면 피해 당사자는 더 큰 정신적 고통을 받을 것이다. 정신적 고통은 무형적 손해이기 때문에 그 손해액을 객관적으로 수치화하는 것은 불가능하다. 피해자가 사망한 경우에도 사망한 피해자에게 위자료가 인정되고 그 상속인들이 그 위자료 채권을 상속한다는 논리에 따른다면 정신적 고통에 대한 손해배상은 전통적인 손해산정 방식인 차액설이 적용될 수 없다. 따라서 위자료는 손해 전보만을 위한 것이라기보다는 불법행위의 예방 및 제재라는 다른 기능도 가지고 있다고 보아야 한다.

현재 가사재판 실무는 예전보다 당사자의 프라이버시나 인격권을 존중하는 추세이다. 오래전에는 당사자 간의 통화 내역, 문자메시지 내역, 카톡 내역 등도 증거 신청을 통해 쉽게 확보할 수 있었는데, 현재는 특별한 사정이 없다면 위와 같은 내역들을 보기 위한 증거 신청은 당사자들의 프라이버시 보호를 위해 채택되지 않는다. 또한, 카드사용 내역 등을 알아보기 위한 금융거래정보제출명령신청도 특별한 사정이 없으면 채택되지 않는다. 이러한 실무의 경향은 일응 타당한 면이 있긴 하다. 범죄를 저지른 사람도 아닌데 일반 시민의 통화 내역, 카드사용 내역 등을 무작정 영장 없이 조회할 수 있다면, 그로 인해 얻을 수 있는 이익에 비해 재판 당사자의 기본권이 과도하게 제한될 수 있기 때문이다.

이러한 실무의 경향으로 인해 은밀한 부정행위를 입증하는 것은 예전보다 훨씬 어려워졌다. 더구나 간통죄가 없어진 이상 부정행위 현장을 경찰관과 같이 급습할 수도 없다. 빈번하게 일어나면서도 낮은 발견율을 보이는 부정행위라는 위법행위를 막기 위해서는 위자료의 예방적·제재적 기능을 활용하는 외에는 다른 방법이 없어 보인다. 위자료의 액수를 일률적으로 정하기는 어렵지만, 적어도 10년 전에 실무상으로 인정되었던 위자료 액수보다는 증액되어야 한다고 생각한다. 어떤 회식 자리에서 법조인이 아닌 지인들이 "2,000만 원에서 3,000만 원만 주면 바람피워도 되는 거 아니냐?"라고 말하는 것을 들은 적이 있다. 이러한 질문을 받으면 생각이 많아진다. 지인들은 우스갯소리로 한 얘기일지 모르겠지만 가사재판을 담당하는 법관으로서는 받아들이기 어렵고 상당히 듣기 불편한 질문이다. 독자들은 위와 같은 얘기를 들었을 때 어떤 생각이 들지 궁금하다.

부정행위의 상대방 특정

　부정행위의 상대방에 대해 소송을 진행하려면 소송서류를 상대방에게 송달하여야 하므로 그 사람의 주소를 알아야 한다. 많은 당사자들이 상대방의 주소나 인적사항을 알아내기 위해 흥신소를 고용해 그의 집을 추적하거나 상대방의 우편물을 몰래 열람하는 등 불법에 연루되기도 한다. 그러나 상대방의 전화번호만 알고 있다면 상대방의 주소지를 알아내는 것은 적법한 절차를 통해서도 충분히 가능하다. 먼저 상대방의 이름과 전화번호를 모두 알고 있는 경우 법원에 증거 신청의

일환으로 통신사(KT, SK 텔레콤, LG 유플러스 등)에 대한 사실조회를 신청하면 된다. 만약 조회대상자의 이름과 가입자 성명이 같은 경우라면 통신사는 그 가입자의 주민등록번호와 주소를 법원에 제공하게 된다. 만약 조회대상자의 이름과 가입자의 성명이 일치하지 않는 경우라면 통신사에서 조회대상자와 가입자의 이름이 다르다는 이유를 들어 가입자의 인적사항을 회보해주지 않는다. 이때는 다시 통신사에 문서제출명령을 신청하면 된다. 이는 부정행위 상대방의 전화번호만 알고 이름 등 다른 개인정보를 전혀 알지 못하는 경우에도 활용할 수 있는 방법이다. 따라서 부정행위 상대방의 전화번호를 알게 되었다면, 상대방의 거주지를 알아내기 위해 직접 미행을 하거나 흥신소를 고용할 필요가 없으니 괜한 시간과 돈을 낭비하지 않았으면 한다. 적법한 증거신청을 통해 증거를 수집할 수 있음에도 불법에 연루되는 당사자들을 보면 안타까운 마음이 든다.

벙커 부장?

　나는 작년부터 수원가정법원에서 가사합의부 재판장을 맡고 있다. 우리 재판부 구성원으로는 나와 배석판사님 2분, 참여관, 참여보조 실무관, 법정보안 실무관 및 속기 실무관이 있다. 올해는 나 빼고 배석판사님 2분, 직원 4분이 모두 여성이어서 재판부 식사 시 청일점의 혜택을 톡톡히 누리고 있다. 매주 목요일에 있는 재판기일을 중심으로 업무가 돌아가지만 그날 외에도 월요일, 화요일, 금요일에는 조정기일이 있고, 재판기일과 조정기일이 없는 날에도 기록검토, 판결문 작성, 기일 외 각종 증거

채부 검토 등 할 일이 꽤 많기 때문에 재판이 없는 주(주로 한 달에 한번 정도)를 빼고는 일과 시간에 거의 여유가 없는 편이다. 재판 업무는 각 재판부 구성원 각자가 해야 할 일을 늦지 않게 정확하게 처리해야만 원활하게 돌아간다.

법원에 들어와서 가장 처음 들었던 이상한 용어는 '벙커'라는 말이다. 주로 합의부 재판장인 부장판사가 일을 너무 많이 시킨다든지 인품이 좋지 못한 경우에 '벙커 부장'이라고 부른다. 이 용어는 골프를 칠 때 코스 안 지면이 꺼진 곳을 모래로 덮어 놓은 장애물을 말하는 벙커(Bunker)에서 유래된 것 같은데, 정확하게 어떤 연유로 골프 용어가 법원에서 같이 일하기 힘든 부장판사를 지칭하는 말로 통용되게 되었는지는 알 수 없다. 나는 배석판사를 8년 6개월(그중 2년은 단독재판장과 배석판사를 겸임) 정도 했는데, 그동안 같이 일했던 부장판사들만 10명이 넘는다. 다행히 나의 경우 같이 일했던 부장님 중에 이른바 '벙커 부장'은 없었다. 벙커 부장은 없었지만 그래도 모든 부장님들과 찰떡궁합 관계는 아니었을 것이다. 모든 분들이 같이 일하기 좋았던 부장님, 배울 게 많았던 부장님은 아니었고, 나 역시 그분들에게 항상 훌륭했던 배석판사는 아니었을 것이다. 다만, 모든 사람이 그렇듯 부장님들마다 각자 다 장점과 단점이 있었고, 배석판사로 그분들과 함께 동고동락하면서 그분들로부터 많은 영향을 받은 것은 사실이다.

사실 합의부 구성원으로서 부장판사와 배석판사의 관계는 특별하다. 하나의 사건에 대해 재판 과정을 통해 합당한 결론을 내리는 과정은 치밀하기도 하지만, 군데군데 재량이 개입될 여지가 있는 부분이 적지 않고 그 과정에서 개인의 가치 판단도 약간 들어가기 때문이다. 그래서 합의부 내에서 사건에 대해 합의를 하다 보면 그 사람의 인격, 인생관, 가치관 및 철학 등이 일부 드러나게 된다. 그렇기에 합의부 내에서 1년간 같이 근무하면서 수많은 사건에 관해 합의를 하다 보면 그 사람의 생각을 어느 정도 파악할 수 있게 된다. 사실 아무리 가까운 사람들이라도 모든 사안에 대해 의견이 완전히 일치하긴 어렵다. 사건에 대한 해결 방향에 대해 서로 의견이 일치하지 않는 경우 사건 합의 과정에서 합리적인 토론을 하게 되고, 그 과정에서 서로의 의견이 조율된다면 합의가 되는 것이다.

그런데 법관 중에는 자신의 주장이 좀 강한 사람들이 더러 있다. 법조인으로서 상당 기간 교육을 받았기 때문에 일부 민원인처럼 아무런 근거 없이 자신의 주장만 관철하는 것은 아니나 애매한 근거나 사례를 이용하여 자신의 주장을 뒷받침하거나 재량이나 가치 판단이 들어가는 영역에서 미묘하게 자신의 주장을 합리화하는 경우가 있다. 개인적으로 법관은 자신의 가치관과 주관이 너무 강하면 안 된다고 생각한다. 언제든지 자신의 생각이 틀릴 수 있고 사건 당사자나 다른 동료들이 하는 말에 귀 기울일 수 있는 무색투명한 열린 마음, 그런 자세를 가지는 것이 법관에게 제일 필요한 덕목이라고 생각한다.

나의 경우 배석판사인 시절이나 합의부 재판장이 된 지금이나 나의 의견을 무조건 관철하려고 한 적은 단 한 번도 없다. 서로 의견이 다른 경우 나는 일단 의견이 다르다는 점만을 확인한 후 잠시 합의를 멈추고 상대방의 의견에 대해 며칠 동안 숙고하며 관련 자료를 찾아본다. 그러면 상대방의 의견이 일리 있거나 맞는 경우가 많았다. 그러나 수일간 숙고해도 내 의견이 바뀌지 않을 때는 상대방에게 그동안 연구한 관련 자료를 보여 주며 고민했던 부분을 말해주면 상대방은 내 의견을 거의 받아들인다. 반면에 이른바 벙커 부장의 경우 자신의 의견을 자신의 연륜과 연결시켜 권위적으로 관철하려는 경우가 많다. 예를 들면, "내가 법관으로서 오랫동안 근무한 경험에 비추어 보면 이 사안은 이렇게 보아야 한다" 등이다. 그런데 이런 벙커 부장의 의견은 틀렸을 경우가 많다. 왜냐하면 앞서 말했듯 법관에게 가장 중요한 덕목은 열린 마음과 자세인데, 이러한 열린 마음과 자세를 취하지 아니한 채 자신의 과거 경험에 새로운 사례를 억지로 끼워 맞추는 것은 경륜을 빙자한 선입견일 가능성이 크기 때문이다.

물론 오랜 경륜은 사안을 입체적으로 볼 수 있는 혜안을 키워주는 것도 사실이다. 다만, 이러한 혜안은 일단 개별 사안의 내용을 충분히 숙지한 다음 매우 조심스럽게 적용되어야 한다. 왜냐하면 인간은 익숙하고 편한 것에 회귀하려는 특성이 있기 때문에 전혀 다른 사건임에도 자신의 과거 경험과 새로운 사건을 연결 지으려 하는 유혹에 넘어가기 쉽기 때문이다. 따라서 자신의 오랜 경험을 통해 얻은 혜안을 사건에 적용할 때는 늘 이러한 접근이 합리적인 것인지 다시 한번 생각해 보는 등 경계심을 늦추지 말아야 한다.

자신의 가치관 내지 철학 강요형 벙커와 달리 생활 강요형 벙커 부장도 있다고 한다. 예를 들어, 배석판사와 항상 점심식사를 같이 하자고 하고, 나아가 취미 생활(골프, 등산, 마라톤 등 업무 시간 외에 하는 여가생활)도 함께하길 바라는 유형이다. 사실 재판장과 재판부 구성원은 업무 외에 다른 시간은 간섭하지 말고 철저히 생활의 자유를 존중해주어야 한다. 나의 경우 취미생활은 물론이고 함께 식사하는 것 역시 극도로 자제했고 앞으로도 그러할 것이다. 왜냐하면 내 입장에서는 같이 식사하는 게 특별하거나 불편한 일이 아닐 수 있지만, 반대로 배석판사들은 나처럼 편하지 않을 수 있기 때문이다. 사실 상대방이 나를 어려워하고 불편해한다는 것을 알게 된 이상 나 역시 그 자리가 편하지 않다. 정말 상대방이 같이 식사하길 원하거나 무언가 같이 하고 싶을 때는 그쪽에서 먼저 즐겁게 제안할 것이다.

한 10년 전만 해도 배석판사가 부장판사와 점심을 같이 안 먹는 경우 따로 부장판사에게 미리 양해를 구해야 하는 분위기였다. 그러다가 몇 년 전부터는 일주일에 하루 이틀 정도는 부장판사는 부장판사끼리, 배석판사는 배석판사끼리 점심을 같이 먹는 분위기가 형성되었다(이때도 일부 부장판사는 이러한 식사 관행의 변화를 탐탁지 않게 생각했다). 수원가정법원은 2019년 개원 이후 전 법관이 자유롭게 식사하고 있다. 수원가정법원이 수원지방법원으로부터 분리되기 이전인 2018년 이전에는 합의부는 합의부끼리, 단독판사는 단독판사끼리 식사를 하고 있었는데, 2019년 수원가정법원으로 전입한 나의 제안으로 특별한 약속이 없으면 합의부, 단독판사 구별하지 않고 다 같이 식사하되 개별적인 약속이 있거나 식사를 거르고 싶은 사람은 언제든지 빠질 수 있게 되었다.

벙커 부장을 지칭하는 용어가 존재하듯, 같이 일하기 힘든 배석판사를 지칭하는 용어도 있다. 업무 수행 능력이 떨어지거나 인품이 좋지 않은 배석판사를 '벙키'라 부른다. 벙커 부장은 주로 업무형 벙커와 생활형 벙커로 나뉘지만, 벙키 판사는 주로 업무에 관련하여 합의부 재판장을 힘들게 하는 판사를 지칭하는 듯하다. 앞서 얘기했듯이 재판 업무는 재판부 구성원이 각자의 역할을 주어진 시간 안에 정확하게 해내야 한다. 즉 각자의 역할이 톱니바퀴처럼 연결되어 있어 어느 한 구성원이 자신의 역할을 제대로 수행하지 못하면 전체 프로세스가 늘어지고 결국 무너지게 된다. 건너 들은 얘기라 사실인지는 모르겠으나, 배석판사가 판결 선고일 전날 밤 늦게 재판장에게 판결문 초고를 납품하는 경우도 있고, 심지어 판결 선고 당일 아침에 판결문 초고를 납품하는 경우도 있었다고 한다. 기록 검토를 제대로 하지 않고 판결문 초고를 작성하는 경우, 작성한 판결문에 심각한 오류나 오타가 많아 판결문 수정이 불가능한 경우도 있다고 한다. 합의부 내에서 이런 일들이 일어나면 재판장은 고민이 많아지게 되고, 이런 상황이 자주 반복되면 그 배석판사는 결국 '벙키'가 되는 것이다.

아무리 좋은 부장과 배석 관계라 하더라도 같이 1년 동안 근무하다 보면 서로의 단점이 보이게 마련이다. 그래도 대부분은 서로 양보하고 참고 견디는데, 서로에 대한 불만과 불신이 너무나 큰 경우에는 정기 인사 전에도 재판부 구성원이 변경되는 경우가 있었다고 들었다. 아무리 힘든 선배나 동료라도 1년만 견디면 사무분담이 변경되어 서로 안 볼 수 있는

데다가 또 위와 같이 정기 인사 전에 사무분담이 변경되면 상대방뿐만 아니라 문제를 제기한 자신도 자칫 문제 있는 판사로 오해받을 수 있기 때문에 법관들은 웬만한 일들은 그냥 참고 넘어간다. 따라서 위와 같은 정기 인사 전 재판부 구성원 변경은 아주 이례적인 사례일 것이다. 다행히 나의 경우엔 같이 일했던 합의부 구성원들과 큰 트러블이 없었다. 그리고 가만히 돌이켜 보면 함께 일한 그 당시보다는 꽤 시간이 흐른 후에야 함께 한 시간에 대한 평가가 제대로 이루어지는 것 같다. 배석판사 시절 힘들게 일했던 시간도 많았을 텐데 지금 와서 생각해 보면 모두 좋은 추억으로만 남아 있다.

이혼소송은 어느 법원에
제기해야 하나?

　이혼소송은 부부의 주소지가 같은 가정법원 관할구역 내에 있을 때
는 그 가정법원에 제기하면 된다. 예를 들어, 부부의 주소가 모두 서울
인 경우 서울가정법원에 이혼소송을 제기하면 된다. 만약 부부의 주소
지가 서로 다른 가정법원 관할구역 내에 있는 경우, 부부가 마지막으

로 같은 주소지를 가졌던 가정법원의 관할구역 내에 부부 중 어느 한 쪽의 주소가 있는 경우에는 그 가정법원에 이혼소송을 제기하면 된다. 예를 들어, 부부가 서울에서 살다가 일방이 가출하여 수원으로 이사한 경우 마지막 공통 주소지였던 서울에 부부 일방의 주소지가 남아 있으므로 서울을 관할하는 서울가정법원에 이혼소송을 제기하면 된다.

앞의 두 경우에 해당하지 않는 경우에는 상대방(피고)의 주소지를 관할하는 가정법원에 이혼소송을 제기하면 된다. 예를 들어, 부부가 서울에 살다가 이혼소송을 제기하려는 일방은 수원으로 다른 일방은 인천으로 이사한 경우 다른 일방을 상대로 한 이혼소송은 인천가정법원에 제기하면 된다. 이혼소송의 관할은 전속관할이기 때문에 관할이 없는 법원에 이혼소송을 제기하면 그 사건은 관할법원으로 이송된다. 바로 앞의 예에서 수원에 거주하는 일방이 자신의 거주지를 관할하는 수원가정법원에 이혼소송을 제기하면 수원가정법원은 그 사건을 피고의 주소지인 인천가정법원으로 이송하게 된다. 따라서 불필요한 절차를 다시 밟지 않고 시간을 절약하려면 처음부터 관할이 있는 법원에 이혼소송을 제기하여야 한다.

이혼소송은 원칙적으로 단독판사가 재판한다. 다만, 이혼청구에 위자료나 재산분할청구가 병합된 경우 청구한 위자료와 재산분할액의 합계가 5억 원을 초과하는 경우에는 판사 3명으로 이루어진 합의부에서 재판을 맡게 된다. 처음에 청구금액이 5억 원 이하여서 단독판사가 심리하고 있었더라도 중간에 청구취지가 변경되어 청구금액이 5억 원을 초과하게 되면 그 사건은 합의부로 이송된다.

이혼소송에서 적용되는 법

Law

일반적으로 이혼소송에서 적용되는 실체법은 우리나라 민법이다. 그런데 부부 모두가 외국에 거주하는 경우, 부부 일방이 외국인인 경우에도 우리나라 민법이 적용되는지 의문이 들 수도 있다. 특히 부부 일방이 외국인인 경우 대한민국 국적을 가진 일방은 우리나라 민법의 적용을, 외국 국적을 가진 다른 일방은 자국의 법을 적용해야 한다고 주장하는 경우가 많다. 부부 일방이 외국인인 경우에도 대한민국 국적의 부부 일방이 우리나라에 일상거소(사람의 생활의 중심이 되는 장소로서 일정한 장소에서 상당 기간 동안 정주한 사실을 필요로 함. 구체적인 경우에 어느 장소가 상거소가 되는 것인지에 관해서는 당사자의 체류기간이나 목적 등 제반사정을 종합적으로 고려하여 판단할 수밖에 없음)를 가지는 경우나 국내에서 혼인 생활을 한 경우라면 우리나라 민법이 적용된다. 부부가 모두 대한민국 국적이라면 그들이 혼인생활을 외국에서 영위하였든 그들 중 전부 또는 일부가 외국에서 일상거소를 형성하고 있던 간에 우리나라 민법이 적용된다. 부부 모두가 외국인인 경우에는 그들이 서로 국적도 다르고 현재 일상거소도 다른데 국내에서 혼인생활을 했을 때만 우리나라 민법이 적용된다. 또한, 이혼에 따른 친권자 및 양육자 지정에 관해서 친자간의 법률관계는 부모와 자녀의 본국법이 모두 동일한 경우에는 그 법에 따르고, 부모와 자녀의 본국법이 동일하지 않은 경우에는 자녀의 일상거소가 우리나라에 있는 경우에만 우리나라 민법이 적용된다.

중혼적 사실혼

사실혼이란 당사자 사이에 주관적으로 혼인의 의사가 있고, 객관적으로도 사회관념상 가족질서적인 면에서 부부공동생활을 인정할 만한 혼인생활의 실체가 있는 경우를 말한다. 즉 사실혼이 성립하려면 혼인 신고만 하지 않았을 뿐이지 그 실질은 법률혼과 꼭 같은 참다운 부부 관계여야 한다. 그렇기 때문에 우리 민법은 사실혼관계에 있어 어느 일방의 책임으로 그 관계가 파탄되었다면 다른 일방의 위자료청구권을 인정하고, 사실혼 해소에 따른 재산분할청구권도 인정해주는 등 사실 혼에 대하여 법률혼에 준하는 보호를 해주고 있다.

그러나 법률혼이 해소되지 않은 상태에서 사실혼관계를 유지하는 이른바 '중혼적 사실혼'은 원칙적으로 법률혼에 준하는 보호를 해주지 않는다. 따라서 중혼적 사실혼을 형성한 일방은 상대방에 대하여 재산분 할청구나 사실혼관계 부당 파기로 인한 손해배상청구를 할 수 없다. 다만, 사실혼이 성립되기 이전에 형성된 법률혼이 서류 정리만 남은 형식적인 혼인관계에 불과했던 경우나 법률혼 배우자가 장기간 생사불 명이었던 경우 등 특별한 사정이 있었던 경우에는 예외적으로 중혼적 사실혼도 일반적 사실혼에 준하는 보호를 받을 수 있다.

가정법원에 오기 전에는 우리나라에 중혼적 사실혼 관계에 있는 사람들이 이렇게나 많은지 몰랐다. 앞서 본 바와 같이 중혼적 사실혼 관계에 있었던 자는 상대방에 대하여 위자료나 재산분할청구를 할 수 없는 등 가족법상 일체의 보호를 받을 수 없으므로 사실혼 관계에 이르기 전에 상대방에게 법률상 배우자가 있는지 확실히 조사해야 할 것이다.

혼인관계증명서(상세)
확인 필요성

가정법원에 이혼소송을 제기하는 경우 몇 가지 서류를 필수적으로 제출하여야 하는데, 그중 꼭 필요한 서류가 혼인관계증명서(상세)이다. 이 서류를 보면 소송 당사자의 혼인 경력 및 이혼 경력과 그 일시를 알 수 있다. 그런데 재판을 진행하다 보면 부부가 수십 년 살았는데도 부부 일방이 다른 일방의 전혼관계를 모르고 있다가 소송이 제기되고 나서야 상대방이 이미 혼인한 적이 있었다는 사실을 알게 되는 경우를

많이 본다. 사실 혼인관계증명서를 떼면 현재의 혼인 여부만 나오기 때문에 상대방의 혼인 이력을 자세히 알아보려면 혼인관계증명서(상세)를 봐야 한다. 결혼할 상대방이 자신의 전혼 사실을 의도적으로 숨긴다면 이를 알 수 있는 방법은 없다. 따라서 결혼할 때 상대방의 과거가 미심쩍다고 느껴질 때는 상대방의 혼인관계증명서(상세)를 미리 확인해 보는 것이 좋다.

양육비를 지급하지 않는 부모도
면접교섭이 가능할까?

　부부가 이혼을 하게 되면 일반적으로 부부 일방은 자녀에 대해 양육권을 가지게 되고, 다른 일방은 자녀를 면접교섭할 권리를 가진다. 그리고 비양육자는 양육자에게 매달 일정 금액의 양육비를 지급하여야 한다. 그런데 양육비를 제대로 지급하지도 않으면서 자녀들에 대한 면

접교섭만 요구하는 부모도 있다. 이런 경우 비양육자가 양육비를 지급하지 않는다는 이유로 그의 면접교섭권을 제한할 수 있을까? 원칙적으로 양육비를 지급하지 않는다는 이유만으로 비양육자의 면접교섭권을 제한할 수는 없다. 왜냐하면 면접교섭권과 양육비 지급의무는 별개의 권리와 의무이기 때문이다.

양육자에게는 아래에서 보는 바와 같이 양육비직접지급명령, 담보제공명령, 양육비일시금지급명령 등을 통해 비양육자로부터 양육비를 받아낼 수 있는 다양한 수단이 있다. 따라서 비양육자가 양육비를 지급하지 않는 경우 위와 같은 수단을 통해서 양육비를 확보하여야 하지 비양육자의 면접교섭권을 제한하는 형태로 비양육자를 압박해서는 안 된다. 다만, 비양육자가 면접교섭 시 자녀를 학대하거나 폭행하는 등 친권상실 사유에 해당하는 비양육자의 비행사실이 인정되는 경우에는 비양육자의 면접교섭권을 전면적으로 배제할 수 있다. 반대로 비양육자가 양육비를 계속 지급하고 있음에도 양육자가 비양육자의 면접교섭에 대해 협조하지 않는 경우도 있다. 이런 경우에는 비양육자가 양육자를 상대로 법원에 면접교섭이행청구를 하면 된다.

비양육자가 양육비를
계속 지급하지 않을 때

비양육자가 협의이혼이나 재판상 이혼을 하면서 정해진 양육비를 계속해서 지급하지 않을 때는 어떻게 해야 할까? 우선 비양육자가 정당한 사유 없이 2회 이상 양육비를 지급하지 않은 경우, 가정법원은 양육자의 신청에 따라 비양육자에 대하여 정기적 급여를 지급하는 고용자(소득세원천징수의무자)에게 비양육자의 급여에서 양육비를 공제하여 양육자에게 직접 지급하도록 명할 수 있다. 즉 비양육자의 직장에다가 그의 월급 중 양육비에 해당하는 만큼의 월급을 양육자에게 직접 지급하라고 명령하는 제도이다. 만약 비양육자의 고용자가 위 명령을 위반하는 경우 법원은 그에게 1,000만 원 이하의 과태료를 부과할 수 있다. 위 명령에 따라 비양육자의 고용주가 비양육자의 월급을 양육자에게 직접 지급하게 되므로 이 제도는 비양육자가 급여소득자(직장인)인 경우에 매우 유용하다.

또한, 가정법원은 비양육자가 정당한 사유 없이 양육비 지급의무 이행을 하지 않는 경우에 양육자의 신청 또는 직권으로 비양육자에게 상당한 담보를 제공하도록 명할 수 있다. 예를 들면, 법원이 비양육자에게 "매월 말일에 100만 원씩 양육비로 지급하라"라고 명했음에도 비양육자가 이를 이행하지 않을 경우 법원은 비양육자에게 1개월 이내에 양육자를 위하여 5,000만 원을 담보로 공탁하라고 명할 수 있다. 만약 비양육자가 담보를 제공하면 양육자는 양육비의 기한이 도래하는 만큼 그에 해당되는 액수의 공탁금을 출급할 수 있게 된다. 만약 비양육자가 법원이 명한 돈을 공탁하지 않는다면 법원은 비양육자에게 1,000만 원 이하의 과태료를 부과할 수 있다.

또한, 비양육자가 담보제공명령을 받고도 기간 내에 담보를 제공하지 않는다면 가정법원은 양육자의 신청에 따라 양육비의 전부 또는 일부를 일시금으로 지급하도록 명할 수도 있다(양육비일시지급명령). 예를 들어, 만 9세의 자녀에 대한 양육비가 월 150만 원으로 정해져 있다면 이론적으로 법원은 비양육자에게 1억 8,000만 원(=150만 원×10년×12월)을 양육비 일시금으로 한꺼번에 지급하라고 명할 수 있다. 이와 같은 제도는 비양육자가 근로소득자가 아닌 자영업자인 경우 유용하다.

위와 같은 여러 제도를 활용하였음에도 비양육자가 양육비를 계속해서 지급하지 않는 경우 양육자는 비양육자를 상대로 하여 가정법원에 그 의무를 이행하라는 이행명령을 신청할 수 있다. 만약 비양육자가 이 이행명령이나 앞서 본 양육비일시지급명령까지도 이행하지 않을 경우 법원은 비양육자를 30일 이내 감치(경찰서 유치장 등에 가두는 것)할 수 있다. 양육비를 지급할 충분한 자력이 있음에도 양육비를 끝까지 내지 않던 비양육자들이 감치되고 나서야 그동안 밀린 양육비를 한꺼번에 지급하는 경우를 종종 보게 된다.

상속, 이혼, 소년심판 그리고 법원

자녀 인도 청구

양육자로 지정된 사람은 그 양육의 권리·의무를 다하기 위하여 자녀를 자기의 보호 아래에 둘 필요가 있다. 따라서 양육자로 지정되지 아니한 자가 자녀를 데리고 있는 때 양육자는 그를 상대로 양육권의 방해배제로서 자녀 인도를 청구할 수 있다. 그러나 미성년자인 자녀라고 하더라도 민법상의 책임능력이 있는 정도의 연령에 달한 때에는 독

립한 인격의 주체로서 그 신체의 자유가 보장되어야 할 것이지 인도청구나 강제집행의 대상이 될 수는 없다. 따라서 만 13세 이상 되는 자녀가 비양육자 보호 아래에 있다고 하더라도 비양육자를 상대로 한 자녀 인도는 현실적으로 불가능하다.

그러나 유아 인도 청구는 실무상 빈번하게 발생한다. 유아의 인도는 양육에 관한 처분 중 하나이므로 부모 일방인 양육자가 다른 일방인 비양육자를 상대로 청구하는 것이 원칙이다. 부모 이외의 제3자가 자녀를 양육하고 있을 경우에는 그 자를 공동상대방으로 하여 자녀의 인도를 청구할 수 있다(가사소송규칙 제99조 제3항). 이때 제3자는 부모의 한쪽인 상대방이 제3자에게 양육을 의뢰한 경우에만 해당되고, 전혀 관계없는 제3자가 유아를 탈취한 경우에는 양육에 관한 처분에 해당하지 않으므로 민사소송에 의하여야 한다. 예를 들면, 비양육자가 면접교섭 이후 면접교섭 시간이 종료되었음에도 유아를 양육자에게 인도하지 않는 경우 또는 비양육자가 유아를 자신의 부모(유아의 입장에선 조부모)에게 맡긴 채 유아를 인도하지 않는 경우에는 가정법원에 유아 인도 청구가 가능하나, 납치범이 유아를 탈취한 경우에는 가정법원이 아닌 민사법원에 유아 인도 청구를 해야 한다.

또한, 유아 인도 청구는 친권의 남용에 해당하지 않아야 하므로(대법원 1979. 7. 10. 선고 79므5 판결), 학대받은 아동을 부모로부터 격리 보호하는 경우와 같이 제3자가 정당한 권한에 의하여 자녀를 보호하고 있을 때에는 친권자의 유아 인도 청구는 불가능하다. 친권자이자 양육권

자라고 하더라도 유아를 학대하여 그 유아가 적법한 절차에 따라 아동복지시설 등에 입소해 있는 때에는 양육권자가 시설을 상대로 유아인도 청구를 할 수 없다는 것이다. 유아 인도를 명하는 경우 심판이 확정되지 않아도 집행력을 가질 수 있도록 가집행선고를 붙인다. 유아인도의 집행은 유체동산인도청구권의 집행절차에 준하여 집행관이 이를 강제집행할 수 있는데, 그 의사능력이 있는 유아가 스스로 인도를 거부하는 때에는 집행이 불가능하다.

유아 인도 청구를 인용하는 심판 등이 이루어진 다음 정당한 이유 없이 유아 인도 의무를 이행하지 않는 경우 가정법원은 당사자의 신청에 의하여 그 의무자에게 그 의무를 이행할 것을 명하고(이행명령), 이를 위반할 경우 1,000만 원 이하의 과태료를 부과하거나, 30일 이내의 감치를 명할 수 있다. 이혼소송을 진행하다 보면 자녀에 대한 양육권을 주장하며 협의 없이 유아를 데리고 가출하는 당사자를 많이 보게 된다. 이러한 경우 법원은 최대한 빨리 양육 환경을 조사하여 부모 중 일방을 임시양육자를 지정하게 되는데, 만약 임시양육자로 지정되지 못한 자가 임시양육자로부터 유아를 탈취하는 경우 임시양육자는 비양육자를 상대로 유아 인도 청구를 할 수 있게 된다.

조부모의 면접교섭권

자녀를 직접 양육하지 않는 부모 일방의 직계존속은 그 부모 일방이 사망하였거나 질병, 외국거주, 그 밖에 불가피한 사정으로 자를 면접교섭할 수 없는 경우 가정법원에 자와의 면접교섭을 청구할 수 있다. 예를 들면, 이혼 후 비양육자인 부부 일방이 자녀에 대해 면접교섭권을 가지게 되었는데, 그 일방이 사망하였거나 해외에 거주하고 있는 등

면접교섭이 제대로 이루어지지 않는 경우 그 일방의 부모가 손자, 손녀를 면접교섭할 수 있다는 얘기다. 그런데 조부모와 양육자의 갈등이 매우 심각한 경우에도 조부모의 면접교섭권이 그대로 인정될까? 일반적으로 양육자와 비양육자 사이에 갈등이 심각하다고 하더라도 그 사유만으로 비양육자의 면접교섭권이 제한되지는 않는다. 그러나 조부모의 면접교섭권은 부모의 면접교섭권과 비교하면 권리로서 성격이 약하다고 볼 수 있다. 따라서 만약 조부모와 양육자 사이에 현저하고 명백한 갈등이 있는 경우에는 자녀가 조부모와의 면접교섭을 과정에서 그 갈등에 노출될 수도 있고, 이는 자녀의 복리상 바람직하지 않으므로 조부모의 면접교섭권이 일부 제한될 수 있는 경우가 발생할 수 있다.

가정법원 판사

초대 수원가정법원장으로 근무하셨던 박종택 원장님께서 어느 날인가 "가정법원에는 그래도 좀 나이가 지긋하신 분이 오시는 게 좋겠다"라고 말씀하셨다. 나 역시 같은 생각이다. 가정법원은 다른 법원과 달리 재판 당사자들에 대한 후견적·복지적 기능이 필요한 법원이다. 간접 경험을 통해서 배울 수 없는 것들이 많다. 최소한 어느 정도의 혼인 기간을 거쳐 결혼 생활이 가져다주는 행복, 책임감 및 고단함 등 각종 희노애락을 겪어보아야 재판 당사자들의 심정을 조금 이해할 수 있지 않을까 생각한다.

스칼릿 조핸슨 주연의 <결혼 이야기(Marriage Story)>란 영화를 보면 이혼을 경험한 여자 변호사가 이혼을 준비하고 있는 여성에게 상담을 해주는 장면이 나오는데, 거기서 여자 주인공은 그 변호사 역시 이혼 경험이 있다는 사실을 알게 된 후 자신의 속마음을 더욱 편안하게 오픈하게 된다. 주인공 남성 역시 중간에 등장한 4번의 이혼을 겪은 새로운 변호사를 만나고 나서야 정말 자신의 상황을 공감하는 사람을 만나게 되었다고 안도한다.

가정법원에서 다루는 이혼사건, 상속, 가정보호, 아동보호 및 소년심판 등은 법률이 적용되는 영역이기도 하지만, 그 이외에 사람의 감정을 이해하는 부분이 다른 재판보다 훨씬 크게 작용하는 영역이다. 법 이론은 이해하고 적용하면 그만이지만 감정을 다루는 영역은 공감을 느낄 때와 그렇지 못할 때의 차이가 크다. 그런 면에서 아동보호재판은 아이를 키워본 경험이 있는 판사가, 소년재판은 청소년기 이상의 자녀들을 두고 있는 판사가, 가정보호 재판은 적어도 배우자와 20년 이상 결혼 생활을 해본 판사가 재판장으로서 적합하다고 생각한다.

이혼 소송 전에 해야 할 일

　실무를 살펴보면, 위자료청구의 소를 제기하거나 재산분할청구를 하여 승소하고도 실제로 판결에서 명한 재산을 이전받거나 돈을 받는 것이 불가능해지는 경우가 많다. 부부 일방이 상대방을 상대로 소를 제기한다고 해서 상대방이 그의 재산을 마음대로 처분하지 못하는 것은 아니기 때문에 상대방은 소송 중 자신의 재산을 처분하거나 은닉할 수 있다. 오랜 시간과 비용을 들여 재판에서 승소하였는데도 상대방에게 아무런 재산이 남아 있지 않다면 그 판결이나 결정은 휴지조각에 불과해질 수 있다. 그래서 본안 소송 제기 전에 미리 상대방을 채무자로 하여 그의 재산에 대한 가압류·가처분 신청을 함으로써 상대방 재산을 보전해 놓은 것은 무엇보다 중요하다.

　일반적으로 법원이 보전처분을 할 때에는 본안 소송에서만큼 당사자의 주장이나 재산에 대해 세밀하게 살피지 못한다. 보통 상대방의 부동산, 주식, 예금채권 등에 대해 가압류를 신청하게 되는데, 특히 예금채권의 경우 상대방이 예금을 인출하여 은닉하는 것이 굉장히 쉽고 빠를 수 있으므로 소송을 제기하려고 마음먹었다면 예금채권에 대한 신속한 가압류 신청은 반드시 필요하다.

다만, 가사사건의 당사자는 일반적으로 상대방에 대하여 악감정을 품고 상대방에게 사회적인 타격을 가하기 위해서 또는 향후 위자료나 재산분할 협상과정에서 보다 유리한 지위를 차지하기 위해서 실제 본안에서 얻을 수 있는 것보다 더 많은 재산을 가압류·가처분하려는 경향이 있다. 그런데 이러한 과잉보전처분 신청에 대해서는 오히려 법원이 더욱 엄격히 심사할 수도 있고, 그 결과 과잉보전처분 신청이라고 인정되면 신청인에 대해 안 좋은 인상을 가질 수 있으므로 주의하여야 한다.

특히 상대방의 직장에 이혼소송 등을 알려 상대방을 곤란하게 할 목적으로 상대방의 임금채권(월급)에 대한 가압류를 신청하는 경우도 종종 있는데, 법원은 상대방의 임금채권을 지금 가압류하지 않으면 안될 이유가 분명한지에 대해 매우 엄격하게 심사하고 있으므로, 상대방에게 임금채권 말고 다른 가압류할 재산이 있다면 임금채권에 대한 가압류 신청은 하지 않는 편이 좋다. 양육자가 비양육자를 상대로 양육비를 청구하는 경우에도 가압류를 이용할 수 있다. 실무상 3년 치 정도의 장래 양육비에 해당하는 금원을 피보전권리로 인정하여 비양육자의 재산에 보전처분을 하게 된다.

또 하나 필요한 절차는 증거보전 신청이다. 실무상 부정행위 증거로 많이 활용되고 유용한 것이 CCTV인데, 대부분의 아파트, 상가, 도로, 건물 등에는 CCTV가 설치되어 있다. 사실 주거 공간이나 호텔 내에서 부정행위가 있었더라도 이를 직접적으로 입증하긴 매우 어렵다. 그러나 부정행위의 당사자들이 함께 아파트 엘리베이터나 호텔 엘리베이터에 탑승하는 장면이 영상으로 제출된다면 부정행위를 추단할 수 있는 중요한 증거가 될 수 있다. 그런데 CCTV로 녹화된 영상의 보존기간은 짧은 곳은 1주일밖에 안 되므로 해당 영상에 대해서는 일시·장소가 특정되는 즉시 법원에 증거보전 신청을 할 필요가 있다.

이혼 소송 중에 해야 할 일

　법원에 소송을 제기하더라도 1심 법원의 판단을 받을 때까지 상당한 시간이 걸린다. 그렇다면 그 긴 시간 동안 상대방이 양육비를 전혀 지급하지 않거나, 자녀를 보여주지 않는 경우에는 어떻게 해야 할까? 이혼 재판을 하다 보면 서로에 대한 감정의 골이 깊어 양육비를 지급할 능력이 있음에도 보복적 감정 때문에 또는 상대방을 곤경에 빠트리기 위해 양육비를 지급하지 않는다든가, 어린 자녀를 보여주지 않는 경우를 많이 보게 된다. 이럴 때 이용되는 제도가 사전처분이다. 소송을 제기한 후 그 소송이 종료되기 전이라면 일방 당사자는 상대방에 대하여 양육비를 지급해달라거나 면접교섭을 이행해달라고 법원에 사전처분을 신청할 수 있고, 법원은 사건을 해결하기 위하여 필요한 경우라면 상대방으로 하여금 재판이 끝나기 전까지 신청인에게 임시로 정한 양육비를 지급하라거나 면접교섭을 이행하라는 내용의 결정을 할 수 있다.

　나아가 서로 양육권을 주장하여 어린 자녀를 탈취하는 상황에서 사
전처분으로 임시양육자를 지정할 수도 있다. 이는 매우 유용한 제도이
다. 왜냐하면 일반적으로 본안 소송은 매우 오래 걸리는 반면 사전처
분에 대한 심리는 1회 기일로 끝나고 그 결정도 비교적 신속하게 이루
어질 뿐만 아니라 사전처분을 이행하지 않으면 1,000만 원 이하의 과
태료가 부과되는 등 어느 정도 강제력을 가지기 때문이다.

재산분할청구와 특유재산

재산분할은 재판이 종료될 무렵(전문용어로 '변론종결 시') 부부가 가지고 있는 모든 재산(채무 포함)을 찾아내 그 시점의 가액을 계산하여 총액을 구한 다음 부부 각각의 기여도에 따라 분할해주는 제도이다. 다만, 현금이나 예금채권의 경우에는 소비·은닉이 쉬우므로 소 제기 시를 기준으로 재산분할대상을 특정하고 그 금전 등의 소비가 부부공

동생활을 위해 꼭 필요했다는 등 타당한 사유가 있는 경우에만 남은 금전 등을 재산분할의 대상으로 한다. 법관이 재산분할을 함에 있어서 일반적으로 다음과 같은 과정을 거친다.[3]

1 단계　부부가 소유하고 있는 재산과 그 가치에 대한 결정

2 단계　해당 재산에 대해 과거 이루어진 각 당사자들의 기여도와 그 비율의 고려

3 단계　수입 및 재산상황(현재 혹은 미래)이나 자녀양육 등과 같은 당사자들의 현재 혹은 미래의 재산소유고려

4 단계　재산된 재산분할의 안이 사안의 성격을 고려할 때 적정하고 형평에 맞는지에 대한 고려

　재산분할청구는 부부가 이혼하면서 또는 이혼 후 2년 이내에만 제기할 수 있다. 이혼 후 2년이 지난 시점에서 제기된 재산분할청구는 각하되는 것이 원칙이나, 만약 부부가 이혼 후에도 같이 살면서 사실혼관계를 유지하였다면 그 사실혼관계 종료 시부터 2년 이내에는 재산분할청구를 할 수 있다.

　사실 우리나라 재산분할제도의 역사는 그리 길지 않다. 1990. 1. 13. 아래와 같이 민법 제839조의2 규정이 신설되기 전까지는 사실상 재산

---

3) 사법정책연구원, '재산분할의 기준 정립을 위한 방안 연구(2016)', 168면 참조.

분할제도가 없는 것과 마찬가지였다.

민법 제839조의2 [재산분할청구권]
① 협의상 이혼한 자의 일방은 다른 일방에 대하여 재산분할을 청구할 수 있다.
② 제1항의 재산분할에 관하여 협의가 되지 아니하거나 협의할 수 없는 때에
는 가정법원은 당사자의 청구에 의하여 당사자 쌍방의 협력으로 이룩한
재산의 액수 기타 사정을 참작하여 분할의 액수와 방법을 정한다.
③ 제1항의 재산분할청구권은 이혼한 날부터 2년을 경과한 때에는 소멸한다.

왜냐하면 우리 민법 제830조 제1항은 부부재산약정(민법 제829조)이
있는 경우를 제외하고는 "부부의 일방이 혼인 전부터 가진 고유재산과
혼인 중 자기의 명의로 취득한 재산은 그 특유재산으로 한다"라고 규정
하고 있고, 같은 법 제831조는 특유재산은 각자 관리, 사용, 수익하는
것으로 되어 있었기 때문이다. 단지 부부의 누구에게 속한 것인지 분명
하지 아니한 재산만 부부의 공유로 추정한다는 규정을 두고 있었을 뿐
이다.

보통 가정에서 가장 큰 재산은 거주하고 있는 주택 등의 부동산인
경우가 많은데, 부동산의 등기제도가 잘 갖추어져 있는 우리나라에서
부동산의 소유가 불분명한 사례는 그리 많지 않았다. 결국 특유재산은
온전히 그 개인의 것이기 때문에 이혼 단계에서도 각자의 특유재산을
가져가면 그만이었으므로 위 규정이 신설되기 전에는 사실상 재산분할

은 큰 의미가 없었다. 특히 혼인 중에 취득한 재산을 대부분 부부 중 일방의 명의로 등기·등록하여 온 우리나라의 종전 관행에 비추어 이러한 상황은 매우 불합리한 결과를 초래하였다.

그러나 위 규정이 신설된 이후 현재의 실무는 다르다. 아래 표4)에서 부부공동재산에 해당하는 ③, ④ 재산은 당연히 재산분할의 대상이 되고, 혼인 파탄 후 부부 일방이 취득한 ⑤에 해당하는 재산은 재산분할 대상이 되지 않는 것이 원칙이다. 그리고 특유재산에 해당하는 ①, ② 재산은 원칙적으로 재산분할의 대상이 되지 않았다. 그런데 최근의 실무는 재산 유지에 대한 기여도 개념을 확장함으로써 당사자 쌍방의 협력으로 이룩한 재산의 범위에 특유재산까지 포함하고 있다. 즉 부부 일방이 다른 일방의 특유재산의 유지에 협력하여 특유재산의 감소를 방지하였거나 그 증식에 협력하였다면 부부 일방이 상속이나 증여를 통해 받은 재산(아래 표에서 ②)뿐만 아니라 부부 일방이 혼인 전에 취득한 특유재산(아래 표에서 ①)까지도 재산분할의 대상으로 삼을 수 있다.

---

4) 사법정책연구원, '재산분할의 기준 정립을 위한 방안 연구(2016)', 55면 참조.

즉 특유재산은 원칙적으로 재산분할의 대상이 되지 않지만, 특유재산에 대해 상대방의 기여가 있다고 판단되는 경우에는 특유재산도 재산분할의 대상이 된다는 것이다. 어떠한 특유재산이 재산분할의 대상이 되는지에 관해서는 일률적인 기준이 없고, 각 재판부의 재량에 맡겨져 있다. 다만, 사법정책연구원은 '재산분할의 기준 정립을 위한 방안 연구서'에서 아래 표와 같은 일응의 기준을 밝힌 바 있다. 물론 이러한 기준은 일응의 기준일 뿐 구체적인 사안에 따라 얼마든지 탄력적으로 변경해서 적용될 수 있다.

특유재산의 종류	기준
혼인 중에 부부 중 일방의 명의로 취득한 재산(상속·증여 제외)	원칙적으로 재산분할대상에 포함
부부 중 일방이 혼인 전 취득한 재산	혼인기간이 10년 이상인 경우에는 원칙적으로 재산분할대상에 포함
부부 중 일방이 혼인 중 상속·증여 받은 재산	혼인기간 10년 이상 + 재산보유기간 10년 이상인 경우에는 원칙적으로 재산분할대상에 포함

재산분할의 대상

　원칙적으로 재산분할의 대상은 부부 공동 명의 또는 부부 중 일방의 명의로 되어 있는 재산이다. 그런데 제3자 명의의 재산이라도 그것이 부부 일방에 의하며 명의신탁된 재산 또는 부부 일방이 실질적으로 지배하고 있는 재산으로서 부부 쌍방의 협력으로 형성된 것이거나 부부 쌍방의 협력으로 형성된 유형, 무형의 자원에 기한 것이라면 재산분할의 대상이 된다. 다만, 이에 해당하는 경우라도 그 소유명의를 부부의 일방 또는 쌍방에게로 회복하지 않는 이상 그 재산 자체의 분할을 명할 수는 없고, 재산분할의 심판에서 이를 실현하기 위한 마땅한 절차도 마련되어 있지 아니하므로 통상은 그 재산의 가액을 분할대상으로 삼는 방법에 따른다.

　재산적 가치가 있는 주식은 재산분할의 대상이 된다. 암호화폐 역시 마찬가지이다. 상장주식이라면 시장 거래액에 따라 가치를 평가한다(금융거래정보제출명령 등을 통하여 증거조사). 비상장주식이 재산분할의 대상이 되는 경우 그 주식의 평가는 시가에 의해 그 가액을 결정하여야 하므로, 객관적인 교환가치를 적정하게 반영한 매매사례가 있으면 그 가격을 시가로 볼 수 있을 것이나, 그와 같은 거래 실례가 없는 경우

특별한 사정이 없는 한 당해 법인의 순자산가액을 발행주식 총수로 나누어 나온 금액을 기준으로 1주당 가액을 정한다. 부부의 일방이 실질적으로 혼자서 지배하고 있는 주식회사(이른바 '1인 회사')라고 하더라도 그 회사 소유의 재산을 바로 그 개인의 재산으로 평가하여 재산분할의 대상에 포함시킬 수는 없다. 판례도 재산분할에 의한 청산을 함에 있어서는 특별한 사정이 없는 한 회사의 개별적인 적극재산의 가치가 그대로 1인 주주의 적극재산으로서 재산분할의 대상이 된다고 할 수 없다고 판시한 바 있다.

비상장주식의 가치를 상속세 및 증여세법 시행령 제54조가 정한 방법, 자산가치평가법, 시장가치법, 미래현금흐름할인법 등에 따라 평가하기도 하는데, 비상장주식의 가치에 대하여 다툼이 심한 경우에는 별도의 시가감정을 하는 사례도 있다. 이때 그 기업의 가치를 적절히 반영한 가장 적정한 평가방법을 선택하는 것과 감정인이 제출한 다양한 감정결과 중 어느 하나를 채택하는 것은 법원의 재량사항이다. 한편 감정인에 의하여 특정 주식의 가치가 0원으로 평가된 사안에서 그 감정결과를 받아들여 이를 재산분할대상에서는 제외하였으나 향후 그 수익성이 바뀔 수 있는 점, 당사자가 감정결과를 다투고 있는 점 등을 참작하여 재산분할 비율 산정에서 참작한 사례도 있다.

혼인 중 부부 일방이 상대방의 협력과 공헌으로 의사, 변호사, 공인회계사, 박사 등 비교적 고소득을 보장하는 각종 면허나 학위 등 전문직 자격을 취득하였으나 이로써 창출되는 수입증가의 혜택을 보기 전에 이혼하게 되는 경우, 그 전문직 자격을 재산분할의 대상으로 인정할 수 있는지가 문제된다. 대법원은 "박사학위를 소지한 교수로서의 재산취득능력은 '기타 사정'으로 참작함으로써 충분하다"라고 판시함으로써 학위나 전문직 자격을 직접적인 재산분할의 대상으로 삼지 않았다. 하급심 판결 역시 변호사 자격과 관련하여, "피고는, 피고의 내조로 원고가 사법시험에 합격하여 변호사자격을 취득하게 되었으므로, 원고가 장래 변호사개업을 하여 얻게 될 소득의 1/2에 해당하는 15억 원을 지급하여야 한다고 주장하나, 원고가 현재 변호사활동을 하지 않고 있을 뿐만 아니라, 장래의 변호사활동을 통하여 얻게 될 소득액을 확정할 수 있는 아무런 기준이 없으므로, 원고가 장차 변호사활동을 하게 될 것이라는 사정만으로 장래의 소득을 청산의 대상이 되는 이 사건 분할대상 재산에 포함시킬 수는 없다"라고 판시하였다.

이러한 판례의 입장에 대해서는 전문직 자격을 가진 배우자는 장래에 소득을 많이 올릴 가능성이 있으므로 이혼 당시 형성된 유형재산만으로 분할하는 것은 공평하지 않다거나 혼인 중 상대방 배우자가 기회비용을 포함한 각종 비용을 투자하여 전문직 자격을 얻게 한 경우 그에 의하여 증가된 소득능력을 분할대상으로 삼을 필요성도 있다는 등의 비판이 가능하다. 그러나 전문직 자격 취득에 따른 재산 증가액을 구체적으로 산정하기란 매우 어려워 보이므로 현재로서는 이를 '기타 사정'으로 참작할 수밖에 없어 보인다. 향후 전문직 자격 취득에 대한 실질적 가치 평가에 대한 연구가 좀 더 축적된다면, 이를 재산분할의 대상에 포함시키는 것도 충분히 가능하리라 본다.

영업권(권리금)과 특허권, 상표권, 저작권 등 지식재산권 및 외국 소재 부동산 등도 당연히 재산분할의 대상이 될 수 있다. 실무를 하다 보면 영업권과 지식재산권에 대해서는 당사자 사이에 그 가치를 다투지 않는 경우가 거의 없어 대부분 감정을 통하여 가치를 산정하게 된다. 외국 소재 부동산에 대해서는 시가를 알 수 있는 객관적 자료가 있는 경우에는 그에 의하면 되지만, 그러한 자료가 없는 경우에는 그 명의자가 인정하는 금액까지만 인정할 수밖에 없는 것이 현실이다.

부부가 이혼하는 경우 부부 일방이 혼인 중 제3자에게 부담한 채무는 일상가사에 관한 것 이외에는 원칙적으로 그 개인의 채무로서 청산의 대상이 되지 않으나, 그것이 공동재산의 형성·유지에 수반하여 부담한 채무인 때에는 청산의 대상이 되며, 그 채무로 인하여 취득한 특정 적극재산이 남아 있지 않더라도 그 채무부담행위기 부부 공동의 이익을 위한 것으로 인정될 때에는 혼인 중 공동재산의 형성·유지에 수반하는 것으로 보아 청산의 대상이 된다. 그런데 실무를 하다 보면 부부 일방은 지인이나 친척 등으로부터 돈을 빌려 혼인 기간 중 생활비에 썼다고 주장하는데, 상대방은 그 사실을 전혀 모르겠다고 주장하는 경우가 많다. 재판 당사자들은 재산분할 과정에서 더 많은 재산을 분할받기 위해 자신의 채무를 과장해서 주장하는 경향이 있으므로 법원은 재판 당사자가 금융기관이 아닌 사인으로부터 빌린 차용금 채무의 인정에 대해서는 소극적인 편이다. 즉 이러한 채무가 재산분할의 대상이 되는 소극채무가 되기 위해서는 차용증 및 이자 지급 내역 등 그 채무 발생을 객관적으로 인정할 만한 자료가 있어야 할 뿐만 아니

라 그 차용금이 부부 공동의 이익을 위해 사용되었다는 점까지 인정
되어야 한다.

재산분할대상의 처분

　만약 소송 진행 중 부부 일방이 자신의 재산을 제3자에게 처분하면 그 재산은 재산분할의 대상이 될 수 있을까? 적법한 처분이라면 그 처분대금이 재산분할의 대상이 되지만, 만약 그 처분이 부부 일방의 재산분할청구권을 해하는 사해행위에 해당된다면 부부 일방은 제3자를 상대로 원상회복청구를 할 수도 있다.

민법 제839조의3 [재산분할청구권 보전을 위한 사해행위취소권]

① 부부의 일방이 다른 일방의 재산분할청구권 행사를 해함을 알면서도 재산권을 목적으로 하는 법률행위를 한 때에는 다른 일방은 제406조 제1항을 준용하여 그 취소 및 원상회복을 가정법원에 청구할 수 있다.

② 제1항의 소는 제406조 제2항의 기간 내에 제기하여야 한다.

예를 들어, 이혼 소송 전후로 더 많은 재산을 가지고 있는 상대방이 그의 지인인 제3자에게 자신의 아파트를 시세보다 싸게 매도하였다면 부부 일방은 상대방을 상대로는 재산분할청구를, 제3자를 상대로는 사해행위취소를 원인으로 한 원상회복청구를 할 수 있다. 이때 원상회복청구가 인정된다면 위 아파트는 여전히 재산분할의 대상이 된다. 이러한 번거로움을 막기 위해서는 상대방이 자신의 재산을 처분하기 전에 미리 상대방의 부동산에 대해 처분금지가처분을 받아놓을 필요가 있다.

기여도는 개별 부부마다 다를 수밖에 없는데, 보통 부부의 경우 혼인 기간이 10년이 넘는다면 대체로 아래 표[5]와 같이 50:50으로 수렴하게 된다.

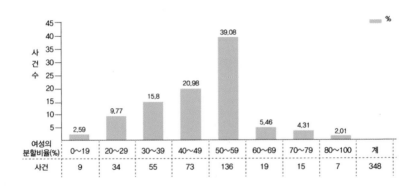

재산분할의 비율을 판단함에 있어서는 재산의 형성 및 유지에 대한 기여 정도, 혼인기간, 혼인생활의 과정 및 파탄경위, 각 당사자의 나이, 직업 등을 고려하여야 한다. 그 밖에 각 사안에 따라 '미성년 자녀의

---

5) 사법정책연구원, '재산분할의 기준 정립을 위한 방안 연구(2016)', 74면 참조.

양육 관련 등 부양적 요소의 고려, 일방 배우자의 부모·형제자매 등이 재산적 도움을 준 점, 일방 배우자가 혼인 전 재산을 취득한 점, 일방 배우자가 재산을 낭비하거나 재산적 손실을 입은 점, 상대방 배우자의 전혼 자녀를 양육하거나 상대방 배우자의 부모를 봉양한 점, 일방 배우자가 재산을 보유하고 있을 것으로 보이나 입증 부족 등으로 분할대상재산에 포함되지 못한 점, 분할대상재산의 규모' 등도 고려된다. 사실 재산분할의 비율을 산정함에 있어 법관의 재량이 많이 개입되는 것이 사실이기 때문에 각 법관의 가치관에 따라 같은 사안이더라도 재산분할의 비율이 달라질 수밖에 없다. 앞서 본 사법정책연구원의 연구서에 따르면, 하급심 판결에서 언급하고 있는 재산분할 비율의 고려요인은 다음과 같은데, 가장 중요한 고려요인은 혼인기간이다.

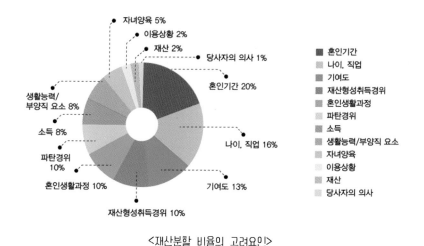

<재산분할 비율의 고려요인>

언급빈도	고려요인	언급사례/ 전체사례(건)	구성비(%)
1	혼인기간	730/858	84.8
2	나이, 직업	579/858	67.3
3	기여도	485/858	56.4
4	재산형성취득경위	379/858	44.1
5	혼인생활과정	366/858	42.6
6	파탄경위	304/858	35.3
7	소득	281/858	32.7
8	생활능력/부양적요소	204/858	23.7
9	자녀양육	190/858	22.1
10	이용상황	85/858	9.9
11	재산	68/858	7.9
12	퇴직금/연금	63/858	7.2
13	당사자의 의사	43/858	5.0

*판결문에 나타난 고려요인의 언급 비율

재산명시명령

　부부가 오래 살다 보면 상대방의 재산에 대해 어느 정도 파악하기 마련이다. 그런데 부부이면서도 서로의 재산에 대해서 일절 터치하지 않는 경우도 있고, 부부 중 한 사람이 가정의 경제권을 쥐면서 상대방에게 매달 일정 금액의 생활비만을 지급하는 경우도 있다. 잘 살던 부부가 이혼을 하게 되면 거의 대부분 재산분할 과정을 거쳐야 한다. 그런데 서로의 재산에 대해 100%로 알 수 없기 때문에 상대방의 재산에 대해서는 조사를 하여야 한다. 모든 재산에 대해 일일이 조사하는 것은 비효율적이므로 법원은 당사자의 신청 또는 직권으로 소송 당사자에게 재산명시명령을 한다.

　재산명시명령을 받은 사람은 법원이 명한 기간 이내에 법원이 제시한 기준일에 맞춰 재산목록을 제출해야 하고, 만약 소송 당사자가 재산목록을 제출하지 않거나 허위로 제출하는 경우에는 1,000만 원 이하의 과태료가 부과된다. 실제로 가정법원에 근무하면서 별다른 이유 없이 법원의 재산명시명령에 응하지 않은 당사자에게 과태료를 부과한 적이 많다. 이 과태료는 대리인이 아닌 당사자 본인에게 부과되기 때문에 대리인들은 법원이 정한 기간을 놓치지 않도록 주의하여야 한다.

만약 법원이 정한 기간 내에 재산목록을 제출하지 못할 피치 못할 사정이 있다면, 법원에 재산목록 제출 기간을 연장해 달라는 신청을 하는 것이 안전하다.

당사자가 제출할 재산목록에는 예금, 보험, 주식 및 부동산이 모두 포함되어 있어야 하는데, 공인인증서만 있으면 예금은 계좌통합관리서비스(www.accountinfo.or.kr)를 통하여, 보험은 보험가입내역서비스(cont.knia.or.kr) 통하여, 주식은 주식찾기서비스(www.ksd.or.kr)를 통하여, 부동산은 온나라부동산정보 3.0(www.onnara.go.kr)을 통하여 한꺼번에 조회할 수 있다(별첨 유의사항 참조). 이렇게 일방의 재산목록이 제출되면 상대방은 제출된 재산목록 중 조금 더 조사가 필요한 부분에 대해서만 법원에 증거 신청을 하게 된다. 그런데 재판을 진행하다 보면 각 사이트를 통해 나온 화면 중 자신에게 불리한 내용은 제외하고 일부 회면만 제출하거나 기준일을 자신에게 유리한 시점으로 바꿔서 재산목록을 제출하는 경우가 종종 있다. 그러나 당사자 일방에 제출한 재산목록은 재판부에서 꼼꼼하게 살펴볼 뿐만 아니라 상대방 대리인도 크로스 체크하게 되어 있으므로 불필요한 꼼수를 부리는 것은 시간 낭비일 뿐이다.

퇴직금과 연금

    부부가 이혼할 때 부부 일방이 아직 직장에 잘 다니고 있는 경우에는 회사에 대한 퇴직금채권이 재산분할대상에 포함될까? 오래전에는 부부 일방의 퇴직금채권은 소송이 끝날 때까지도 아직 현실화되지 않은 재산이므로 재산분할의 대상이 되지 않고 기여도에서만 반영하는 것이 실무였다.

    그러나 현재는 판례가 변경되어 재산분할의 대상이 된다. 퇴직금채권은 퇴직이라는 급여의 사유가 발생함으로써 현실화되는 것이므로, 이혼 시점에서는 어느 정도의 불확실성이나 변동가능성을 지닐 수밖에 없다. 그러나 그렇다고 하여 퇴직금채권을 재산분할의 대상에서 제외하고 단지 장래의 수령가능성을 재산분할의 액수와 방법을 정하는 데 필요한 기타 사정으로만 참작하는 것은 부부가 혼인 중 형성한 재산관계를 이혼에 즈음하여 청산·분배하는 것을 본질로 하는 재산분할제도의 취지에 맞지 않고, 당사자 사이의 실질적 공평에도 반하여 부당하다. 위와 같은 재산분할제도의 취지 및 여러 사정들에 비추어 볼 때, 비록 이혼 당시 부부 일방이 아직 재직 중이어서 실제 퇴직금을 수령하지 않았더라도 이혼소송의 사실심 변론종결 시에 이미 잠재적으로 존재하여 경제적 가치의 현실적 평가가 가능한 재산인 퇴직금채권은 재산분할의 대상에 포함시킬 수 있으며, 구체적으로는 이혼소송의 사실심 변론종결 시를 기준으로 그 시점에서 퇴직할 경우 수령할 수 있을 것으로 예상되는 퇴직금 상당액이 그 대상이 된다.

 따라서 재판 진행 중 직장에 다니고 있는 부부 일방의 예상퇴직금을 알아볼 필요가 있는데, 경우에 따라서는 이혼소송 중이라는 사실이 직장에 알려지는 것을 불편해하는 당사자들이 있을 수 있다. 이러한 경우 부부 일방이 상대방의 예상퇴직금을 알아보기 위해 그의 직장에다가 사실조회신청을 하더라도 재판부는 먼저 상대방에게 예상퇴직금 조회내역을 스스로 제출할 기회를 부여한 뒤 만약 임의제출을 거부하면 그 때 비로소 상대방의 직장에 예상퇴직금에 대한 사실조회를 하게 된다. 국민연금, 공무원연금, 군인연금 및 사립학교교직원연금 등에 대해서는 국민연금법 등 관련법에서 이혼한 배우자의 분할연금청구권을 인정하고 있으므로 위 연금청구권이 따로 재산분할의 대상이 되는 경우는 적다. 다만, 이혼 조정을 하면서 상대방의 연금에 대한 분할연금청구권을 포기하는 형태의 재산분할은 빈번하게 이루어진다(예 : 원고와 피고는 서로 상대방에 대한 연금 일체에 대한 분할연금청구권을 포기한다. 즉 각자 명의의 연금은 각자가 수급하기로 하며 상대방의 연금 등에 대한 분할연금액은 0원으로 한다).

부동산 가격의 급등과 폭락

가정법원에 근무하다 보면 설이나 추석 연휴기간이 끝나자마자 협의 이혼이나 이혼소송 접수 건수가 늘어나는 것 같다는 얘기를 듣게 된다. 또한, 경기가 좋지 않은 경우에도 이혼 소송 접수 건수가 늘어난다는 얘기도 있다. 사실 정말 그러한지는 확인해 보지 않았다. 그러나 이혼에 수반되는 재산분할만큼은 경기에 영향을 받는 것이 확실하다. 이혼소송과 함께 청구된 재산분할에 있어서 분할대상재산에 대한 가액 평가의 기준시는 사실심 변론종결 시이다. 즉 1심 법원 또는 2심 법원에서 재판을 마칠 때의 가액을 기준으로 재산분할명세표가 작성된다. 보통 거래가 빈번한 아파트 같은 경우 금융회사에서 제공한 부동산시세(KB 부동산시세)나 국토교통부 실거래가 조회내역을 참작하고, 토지나 단독주택 같은 부동산은 부동산감정을 거친다.

몇 년 전에는 부동산 가격이 계속 상승해서 재산분할 시 서로 부동산을 가져가길 원했다. 그리고 시간이 지날수록 부동산 가격이 더 오르고 있었기 때문에 재산분할로 부동산을 받지 못했던 당사자가 1심 법원의 재산분할에 대해 재산분할대상인 부동산의 가격이 상승하였으므로 이를 반영해달라며 1심 법원의 재산분할 결정에 불복하는 경우가 많았다. 그런데 요즘은 반대다. 부동산 가격이 하락하고 있으므로 재산분할 시 서로 현금으로 정산받기를 원한다. 1심에서 재산분할로 부동산을 가지게 된 당사자는 부동산 가격이 계속 하락하고 있으므로 더 떨어진 가격을 반영하여 다른 일방에게 주어야 할 정산금을 낮춰 달라는 취지의 항고를 하는 경우가 많다.

주의할 점은 재산분할로 인하여 이전받은 부동산을 그 후에 양도하는 경우 그 양도차익을 산정함에 있어서는 (양도소득세가 문제되는 경우) 취득가액은 최초의 취득가액이 기준이지 재산분할을 받을 당시의 가액이 기준이 되는 것은 아니라는 점이다. 따라서 재산분할 시 부동산을 분할받는 것보다 현금으로 정산받는 것이 나을 수 있다. 왜냐하면 재

산분할의 대상이 되는 부동산들은 대체로 취득한지 오래된 것들인데, 이를 처분할 경우 앞서 본 바와 같이 양도차익을 산정함에 있어 최초의 취득가액이 기준이 되므로 나중에 거액의 양도소득세가 부과될 수 있기 때문이다. 다만, 계속 보유하더라도 일정한 수익이 보장되어 처분이 불필요한 수익형 부동산이라면 부동산을 재산분할로 받는 것도 괜찮다.

가끔 위자료 및 재산분할금을 지급하기 위하여 자신이 가지고 있던 부동산의 처분이 불가피하므로 그 처분에 관하여 부과될 양도소득세 상당액을 분할대상재산의 가액에서 미리 공제하여야 한다는 주장을 하는데, 이는 재산분할 이후의 사정이므로 이러한 주장은 받아들여지지 않는다. 결국 부부공동재산의 대부분이 부동산인 경우 부부일방이 부동산을 전부 가지고 그 일방이 다른 일방에게 재산분할 비율에 따라 현금으로 정산해주게 되면 결과적으로 현금으로 정산받는 측이 유리해진다.

재산분할로 이전받은 재산에
대해서도 세금을 내야 하나?

부부 간 증여액이 6억 원을 초과하게 되면 증여세를 내야 한다. 그런데 부부가 이혼하면서 부부 일방이 적게는 수억 원에서 많으면 수십, 수백억 원을 재산분할로 받을 수도 있다. 그러나 아무리 많은 재산분할을 받더라도 가장이혼이 아닌 이상 여기에 증여세를 부과할 수 없는 것이 원칙이다(다만 취·등록세는 부과될 수 있음).

왜냐하면 이혼에 따른 재산분할은 부부가 혼인 중에 취득한 실질적인 공동재산을 청산·분배하는 것을 주된 목적으로 하는 제도로서 재산의 무상이전으로 볼 수 없기 때문이다.

법률상의 부부관계를 해소하려는 당사자 간의 합의에 따라 이혼이
성립한 경우 그 이혼에 다른 목적이 있다 하더라도 당사자 간에 이혼
의 의사가 없다고 말할 수 없고, 이혼이 가장이혼으로서 무효가 되려
면 누구나 납득할 만한 특별한 사정이 인정되어야 한다. 다만, 가장이
혼까지는 아니더라도 이혼에 따른 재산분할제도를 악용하여 이를 상속
세나 증여세 등 조세를 회피하기 위한 수단으로 이용하였다고 볼 만한
특별한 사정이 입증된 경우에는 재산분할로 볼 만한 상당한 부분을 초
과하는 부분에 대해서는 증여세가 부과될 수는 있다.

재산명시명령 예시

◇ 유의사항 ◇

1. 재산목록은 동봉한 재산목록 양식에 맞추어 기재하시기 바랍니다.

또한 개산명시목록을 제출함에 있어서는 다음의 증병자료를 함께 제출하여야 합니다.

가. 금융감독원의 계좌정보통합관리서비스(www.accountinfo.or.kr 또는 www.payinfo.or.kr)를 통한 본인 명의의 '계좌통합조회(상세내역)'과 '해지결과조회'를 인쇄하어 제출하여 주시기 바랍니다(인터넷을 통한 조회가 가능하고 공인인증서가 필요함). 없다고 나오더라도 그 화면을 그대로 인쇄하여 제출하여야 하비다.

나. 손해보험협회의 보험가입내력조회 서비스(cont.knia.or.kr)를 통한 본인 명의의 '생존자보험가입내역조회'와 '휴면계좌조회' 결과를 인쇄하여 제출하여 주시기 바랍니다(휴대폰인증도 가능함). 없다고 나오더라도 그 화면을 그대로 인쇄하여야 합니다.

다. 한국예탁결재원의 주식찾기 서비스(www.ksd.or.kr/미수령 주식찾기 바로가기)를 통한 본인 명의의 '미수령주권내역'과 '주주께

서 찾아가신 주권내역'과 '실질주주정보'를 인쇄(화면 오른쪽 상
단에 PRINT 버튼 있음)하여 제출하여 주시기 바랍니다. 없다고
나오더라도 그 화면을 그대로 인쇄하여 제출하여야 합니다.

라. 국토교통부의 온나라부동산정보 3.0(www.onnara.go.kr)에서 부
동산 정보 > 내 토지찾기 서비스를 통한 본인 명의 재산을 제
출하여 주시기 바랍니다. 단 인쇄기능이 없으므로 화면을 사진
촬영하여 인쇄하거나, 키보드 상단의 'Print Screen'을 누른 후
아래아 한글 등 워드프로세서 프로그램을 실행하여 '붙이기'하면
화면이 그대로 나오는데 그것을 인쇄하여야 합니다. 없다고 나
오더라도 그 화면을 그대로 인쇄하여 제출하여야 합니다.

2. 재산명시명령을 받은 당사자가 정당한 사유 없이 재산목록의 제
출을 거부하거나 거짓의 재산목록을 제출한 때에는 1천만 원 이하의
과태료에 처할 수 있습니다.

상속, 이혼, 소년심판 그리고 법원

chapter

03

소년심판 편

소년재판의 특징

<소년재판이 열리는 실제 법정>

　소년재판은 비행성(범행보다 더 넓은 개념)이 있는 소년에 대하여 처벌보다는 환경조정과 품행교정을 위한 보호처분 등 필요한 조치를 하여 소년이 건전하게 성장하도록 돕는 것을 목적으로 한다. 이를 위해

비행소년의 비행에 대해서 조사하지만, 이와 더불어 소년의 학교생활, 친구관계, 가정환경 등에 대해서도 상세히 조사한다. 형사재판의 경우 기본적으로 범행의 죄질에 따라 법정형이 정해져 있지만 소년재판의 경우 비행의 죄질에 따라 정해진 처분은 없고, 소년부 판사가 비행의 죄질에다가 소년에 대한 주변환경(보호력)을 종합적으로 고려하여 비행소년에게 가장 적합한 처분을 정한다. 따라서 같은 비행을 저지른 두 비행소년이 각자의 보호력에 따라 완전히 다른 처분을 받기도 한다.

또한, 비행소년이 받는 보호처분은 형벌이 아니기 때문에 그 처분전력은 범죄경력(전과)으로 남지 않는다. 나아가 비행소년에 대한 처분을 하면서 그 소년의 부모에게 특별교육을 명하는 등 보호자에게 부가처분을 할 수 있다는 특징도 있다. 소년부 판사는 범죄소년(범행을 저지른 소년) 뿐만 아니라 범행을 저지르지 않더라도 집단적으로 몰려다니며 주위 사람들에게 불안감을 조성하거나, 정당한 이유 없이 가출하거나, 술을 마시고 소란을 피우거나 유해환경에 접하는 소년(이를 '우범소년'이라 한다)에 대해서도 소년재판을 할 수 있다.

소년재판은 어떻게 시작되나?

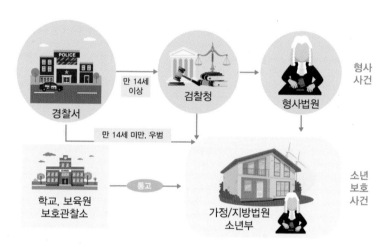

만 14세 이상의 소년이 비행을 저지른 경우 경찰이 먼저 비행소년에 대해 조사한 후 검찰로 송치한다. 사건을 송치받은 검찰은 비행소년을 가정법원에 소년부 송치할 수도 있고, 형사재판을 받게 하기 위해 비행소년을 기소할 수도 있고, 검찰 단계에서 사건을 종결하는 불기소 내지 기소유예 처분을 할 수도 있다. 만 14세 미만의 소년이 비행을 저지른 경우 경찰이 먼저 비행소년에 대해 조사한 후 가정법원에 소년

부 송치한다. 또한, 형사재판을 받던 비행소년이 법원의 소년부 송치 결정으로 소년재판을 받을 수 있다. 마지막으로 보호자, 선생님, 보호 시설의 장 등은 말썽을 피우는 소년에 대해 소년재판을 받도록 통고할 수 있다. 따라서 소년재판으로 사건이 접수되는 경로는 검찰의 소년부 송치, 경찰의 소년부 송치, 법원의 소년부 송치, 보호자 등의 통고로 총 4가지 루트가 있다.

소년재판의 과정

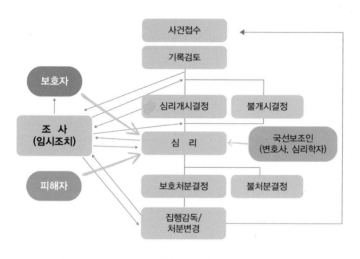

<사건 처리 절차>

앞서 본 바와 같이 4가지 경로로 접수된 소년 사건 기록은 모두 소년부 판사에게 인계된다. 소년부 판사는 기록을 검토하여 아주 경미한 사건이거나 이미 다른 사건으로 처분을 받아 소년원에 입소해 있는 소년들이 그 처분 전에 저지른 별도의 비행에 대한 사건(처분 전 범행) 등 특별한 사정이 있는 경우 심리불개시결정을 한다. 심리가 필요한 사건

에 대해서는 심리개시결정을 하고 그 소년의 주변 환경 등에 대하여 소년조사관, 보호관찰소 또는 소년분류심사원에 조사를 의뢰한다. 조사 결과가 도착하면 소년부 판사는 경찰 등의 수사 결과와 소년조사관 등의 조사 결과를 종합하여 소년에게 가장 적합한 처분을 고민하며 법정에서 소년사건을 심리하게 된다.

심리를 마친 후 소년부 판사는 소년에게 1호부터 10호 처분 중 하나 또는 둘 이상의 처분을 내린다. 만약 소년에 대해 처분이 필요하지 않다고 판단되면 이 과정에서 불처분 결정을 내릴 수도 있다. 처분 이후에도 소년부 판사는 비행소년이 소년부 판사가 내린 처분을 잘 이행하고 있는지 감독하고, 만약 처분을 제대로 이행하고 있지 않거나 특별한 사정이 발생한 경우 처분을 변경하기도 한다(4호 보호관찰 처분을 받은 소년이 보호관찰을 제대로 받고 있지 않은 경우 또는 6호 아동복지시설 처분을 받은 아이가 시설에서 문제를 일으키는 경우 기존 4호나 6호 처분을 소년원 처분으로 변경하기도 한다).

보호처분의 종류

사회 내 처분	1호	보호자 또는 자원보호자 위탁 처분
	2호	수강명령(교육 또는 상담 100시간 이내)
	3호	사회봉사명령 (최대 200시간)
	4,5호	보호관찰 (단기 1년 / 장기 2년)
시설 내 처분	6호	소년보호시설 위탁 (6개월 / 6개월 연장가능)
	7호	소년의료시설 위탁 (6개월 / 6개월 연장가능)
	8~10호	소년원 송치 (1개월 / 단기 6개월 / 장기 2년)

　보호처분은 1호부터 10호까지 10종류의 처분이 있는데 대체로 높은 번호일수록 중한 처분으로 인식된다. 1호 처분은 비행소년을 보호자나 보호자를 대신하여 소년을 보호하는 위탁보호위원에게 소년의 지도·감독을 맡기는 처분이다. 기간은 6개월인데 6개월 동안 보호자나 위탁보호위원이 소년의 생활을 감독하고 그 경과를 법원에 보고하게 된다. 위탁보호위원은 보호자가 따로 있어서 한 달에 2번 정도 소년과 만나

소년의 생활을 체크하는 신병불인수 위탁보호위원과 보호자가 따로 없거나 보호자의 감호에 두기에 부적당한 소년을 인수하여 소년과 함께 생활하면서 소년의 생활을 체크(주로 그룹홈 등에서 같이 생활)하는 신병인수 위탁보호위원으로 나눈다. 2호 처분은 수강명령이다. 비행소년으로 하여금 보호관찰소나 청소년상담복지센터에서 수십 시간의 상담을 받게 하는 처분이다. 3호 처분은 사회봉사명령이다. 비행소년으로 하여금 장애인복지센터나 노인복지센터 등과 같은 봉사기관에서 80시간(10일) 또는 160시간(20일) 등 일정 시간 동안 봉사하게 한다.

4호와 5호 처분은 보호관찰처분인데 4호는 1년, 5호는 2년으로 그 기간에 차이가 있다. 보호관찰처분을 하면서 '오토바이 운전을 하지 말 것, 야간 외출을 하지 말 것, 금연프로그램에 등록할 것' 등 특별준수사항을 부가하기도 한다. 6호 처분은 비행소년을 아동복지시설에 6개월간 위탁하는 처분이다. 소년원과 마찬가지로 시설 내 처우이기 때문에 6개월간 비행소년의 신체적 자유는 제한된다. 다만, 소년원과 달리 민간단체에서 운영하는 시설이고, 시설 내의 생활은 기숙사 학교와 유사한 형태이다. 7호부터 10호는 모두 소년원 처분이다. 7호 처분은 의학적인 치료나 요양이 필요한 소년을 6개월 동안 소년의료보호시설에 위탁하는 처분이고, 8호 내지 10호 처분은 모두 소년원 처분인데 그 기간(8호 1개월, 9호 6개월, 10호 2년)만 서로 다를 뿐이다.

8호	9호	10호
1개월 이내	단기(6개월) 이내	장기(2년) 이내
10세 이상	10세 이상	12세 이상
자진 입소, 개방형 인성교육	처분 즉시 입소, 엄격한 교정교육	처분 즉시 입소, 엄격한 교정교육
5호와 병합 가능	단독 처분	단독 처분

소년분류심사원

소년의 비행(범죄)에 대해서는 수사기관에서 자세히 조사한다. 그러나 수사기관에서 소년의 주변환경(학교생활, 가정환경, 친구관계, 성장배경 등)이 상세히 조사되기는 여건상 어렵다. 소년의 주변환경을 조사하기 위해 소년부 판사는 사안에 따라 소년조사관, 보호관찰소 등에 조사를 의뢰한다. 이때 한 두 번의 면담으로는 소년의 환경 파악이 안 되고, 소년의 24시간 생활을 일정 기간 동안 관찰할 필요가 있는 경우가 있다. 특히 비행소년의 비행의 죄질이 매우 중하거나 소년의 주변환경이 매우 열악할 때(장기간 이유 없는 가출, 지속적 성매매, 상습적 자해 등), 소년부 판사는 비행소년의 안전과 심층적인 조사를 위해 소년을 소년분류심사원에 위탁한다.

소년재판을 잘 모르는 사람들은 소년분류심사원 위탁을 구치소에 구속하는 것과 유사하게 생각하는 경향이 있는데, 두 제도는 완전히 다르다. 소년분류심사원 위탁의 주요 목적은 구속과 달리 소년의 신병 확보보다 소년에 대한 밀도 있는 조사를 위해서다. 또한, 그 기간은 원칙적으로 비행소년의 성행을 파악하기 위한 최소한의 기간인 3주 내지 4주로 한정되어 구속기간보다 훨씬 짧다. 나아가 비행소년이 학생인 경우 소년분류심사원에 입소하여 조사를 받는 기간은 모두 학교에 출석한 것으로 인정된다. 소년재판을 하다 보면 소년분류심사원 위탁 결정에 소년이나 보호자가 깜짝 놀라 당황하면서 입소를 거부하는 경우를 본다.

그러나 앞서 밝혔듯이 소년부 판사는 비행의 죄질이 아주 중하거나 소년의 주변환경이 일반적인 조사를 받을 수 없을 만큼 매우 열악한 경우에만 제한적으로 소년분류심사원 위탁을 하고 있다. 또한 그 위탁 기간이 그리 길지 않으며, 비행성이 심화된 소년들의 경우 3~4주간의 위탁을 통해서도 보호처분과 같은 성행 개선의 효과를 거둘 수 있다. 소년분류심사원 위탁 결정을 받고 걱정했던 많은 보호자들이 소년분류심사원 퇴소 후 바뀐 자녀의 모습을 보고 안도하는 것을 보았다. 그러므로 소년재판을 받게 될 경우 소년부 판사가 소년분류심사원 위탁 결정을 하더라도 너무 걱정하거나 억울하게 받아들이지 않았으면 한다.

법원 청사의
중요성

<동수원 등기소 건물을 사용하던 수원가정법원 구 청사>

수원가정법원은 2020년까지 동수원등기소 건물을 그대로 써서 근무 환경이 매우 열악했다. 재판이 있는 날이면 비행소년들, 보호자들, 보조 인들이 모두 뒤엉켜 매우 혼란스러웠고, 사건이 많은 경우 복도에 발 디 딜 틈도 없었다. 특히 비행소년이 호송되는 경우 점심시간에 식사하러 나 가다가 방금 전 재판한 아이들과 마주친 적도 많았다. 가정법원 1층 공터 에서 담배를 피우는 아이들도 많았고, 소년재판받는 아이를 응원해주러 오는 친구들이 주변에서 시끄럽게 몰려다니는 경우도 있었다.

<수원가정법원 신 청사의 모습>

이런 안 좋은 모습들은 수원가정법원이 2021년 새로운 청사로 들어서면서 더 이상 볼 수 없게 되었다. 왜냐하면 새로운 청사로 이전하게 되면서 법원 직원 출입구와 재판 당사자가 출입하는 통로가 분리되었고, 비행소년들이 외부와 차단된 별도의 공간에서 분류심사원이나 소년원으로 가는 호송차량에 탑승하고 하차하게 되었기 때문이다. 그리고 기분 탓인지는 몰라도 무너질 듯한 초라한 건물에서 재판할 때보다 웅장한 10층 건물에서 재판할 때 재판 당사자들이 법원의 권위를 더 존중해 준다는 느낌을 받았다.

하지만 작고 열악한 건물에서 근무할 때가 더 좋았던 점도 있다. 일단 구 청사에는 판사실로 연결되는 승강기가 없어서 하루에 몇십 걸음이라도 계단을 이용할 수밖에 없었고, 그로 인해 하체 운동을 따로 할 필요가 없을 정도로 자연스럽게 하체 운동량이 채워졌다. 또한, 판사실과 법정이 같은 층에 있는데다가 그 거리도 10m가 채 되지 않아 미국처럼 판사의 법정 접근이 매우 용이했다(대부분의 법원 청사는 법정과 판사실이 다른 층에 위치한다). 나아가 직원 사무실도 같은 층에 있어 종이기록으로만 되어 있는 소년 사건 재판기록의 이동이 매우 빠르고 편리했다. 마지막으로 직원들과 같은 층에 있어서 그런지 오며 가며 자주 얼굴을 보게 돼 쉽게 친해졌고, 접수된 문건 역시 수시로 매우 빠르게 전달되었다. 그래서 그런지 가끔은 오래된 수원가정법원 구 청사 건물이 그립기도 하다.

경한 처분을 받기 위한 임신?

오늘 충격적인 얘기를 들었다. 우리 법원은 매년 소년재판과 관련된 기관들, 즉 소년원, 6호 아동복지시설, 보호관찰소 및 소년분류심사원 등과 함께 소년보호협의회를 한다. 그런데 소년보호협의회 중 6호 시설 원장님 한 분으로부터 소년재판 시 가벼운 처분(사회 내 처분)을 받기 위해 일부러 임신을 하는 여자아이들이 있다는 얘기를 들었다. "비행소년들은 SNS를 통해 실시간으로 재판을 받으면서 얻게 된 여러 정보를 서로 공유하고 있다. 그런데 어떤 판사가 비행의 수준이나 보호력으로 보아 10호 처분을 받아야 마땅한 아이를 임신한 정황 때문에 사회 내 처분(보호관찰 등)을 했다. 그런 소문이 SNS를 통해 전국의 비행소년들에게 퍼지게 되었고, 중한 비행을 저지르고 도망다니고 있는 여자 비행소년 중 일부가 가벼운 처분을 받기 위해 주변에 있는 아무 남자와 성관계를 하여 임신을 하였다"라는 것이다.

아무리 생각이 없는 10대라 하더라도 새로운 생명을 잉태하는 임신을 이 정도까지 가벼이 생각할 줄은 몰랐다. 소년원이나 6호 시설은 단체 생활을 해야 하기 때문에 임산부가 생활하기에 적합하지 않은 것은 사실이다. 그러나 소년이 임신을 했다는 이유만으로 비행의 수준과 보호력이 같은 아이들에게 서로 다른 처분을 내리는 것은 불공정하다. 오히려 미성년인 소년이 임신을 했다는 그 사실 자체만으로도 그 아이의 주변 환경이 불안전하다는 방증이 될 수 있다. 나는 위 얘기를 듣자마자 소년재판을 담당하고 있는 다른 판사들에게 위와 같은 상황을 공유하고 비행소년이 임신하였다는 이유만으로 그 아이에 대한 처분을 약하게 하거나 조정하는 데는 매우 신중해야 한다는 의견을 전달하였다.

비행소년들의 성매매

　여자아이들의 비행이 날로 심각해지고 있다. 내가 면담한 어떤 소년은 사실인지 모르겠으나, "자기가 속해있는 여자 중학교 학급 내에서 성매매를 하지 않은 아이들이 성매매를 하는 아이들보다 더 적다"라고 얘기했다. 또 중학교 2학년 여자아이가 중학교 1학년 여자아이에게 성매매를 강요하고 성매매로 받은 돈을 갈취한 사건이 있었는데, 그 사건의 피해자였던 중학교 1학년 여자아이가 나중에 자기 후배(초등학생)나 자기보다 약한 아이에게 똑같이 성매매를 강요하고 돈을 갈취하는

사건도 있었다. 비행소년들이 가출하게 되면 생활비를 마련해야 한다. 생활비를 마련하기 위해 남자아이들은 주로 절도 범행을 저지르고 여자아이들은 성매매를 하게 된다. 아이들이 스스로 절도나 성매매를 하는 경우도 있지만 대부분 오갈 데 없는 아이들의 곤궁한 상황을 이용해 돈을 버는 나쁜 어른들이 아이들을 유혹해 범죄의 구렁텅이에 빠트린다. 따라서 미성년 성매매 범행의 성매수자나 알선책에 대해서는 엄한 처벌이 필요하다.

요즘 초등학생들

폭력성이 있는 남자 비행소년들은 선·후배를 가릴 것 없이 마음에
들지 않으면 서로 1:1로 싸우자고 한다. 그리고 그 과정을 모두 핸드폰
으로 동영상 촬영하여 SNS에 게시하기도 한다. 그런데 요즘 초등학생
들이 벌써부터 형들 흉내를 낸다. 사건은 이렇다. 학교 쉬는 시간에 한
친구(가해 학생)가 자기 옆으로 지나가는 또 다른 친구(피해 학생)를 쳐

다보았다. 그런데 지나가던 피해 학생이 가해 학생에게 예전에 사귀었다 헤어졌던 여자친구를 거론했던 모양이다(야. 000은 잘 지내지?). 그래서 가해 학생은 피해 학생을 학교 운동장으로 불러냈다. 동시에 학교 동급생 아이들도 싸움을 구경하기 위해 모두 운동장으로 몰려나갔다.

당황한 피해 학생은 싸우기 싫어서 가해 학생에게 미안하다고 했다. 가해 학생도 싸움을 하기는 싫었으나 이미 동급생 아이들이 모두 싸움을 구경하러 나왔기 때문에 싸우지 않고 그냥 돌아가기엔 시간이 늦어버렸다고 생각했다. 이런저런 생각에 잠시 머뭇거리고 있었는데 주변에서 구경하던 다른 아이가 "싸울 거면 빨리 싸워. 기다리기 지겹다"라면서 피해 학생의 손을 잡아 가해 학생의 얼굴을 툭 하고 건드렸다. 그러자 가해 학생은 기다렸다는 듯이 피해 학생을 때리기 시작했다. 피해 학생은 가해 학생의 주먹을 막기 위해 손을 흔들다가 그 손이 가해 학생의 얼굴에 닿았고, 가해 학생은 더욱 흥분해서 피해 학생을 넘어뜨리고 피해 학생의 옆구리까지 찼다. 이로 인하여 피해 학생은 중상해를 입게 되었고, 이 사건으로 가해 학생은 학교폭력심의위원회로부터 강제전학 처분을 받은 동시에 법정에 소환되어 소년재판을 받게 되었다. 당시 가해 학생은 초등학교 5학년에 불과했다.

노예놀이

중·고등학교 남자아이 중에 어린 여자아이들을 상대로 카카오톡이나 페이스북 메신저로 이른바 '노예놀이'라는 것을 하는 것을 사건으로 접한 적이 있다. 비행소년들은 처음에 피해 아동에게 "프로필을 보니까 예쁘다. 같이 게임하자"라며 접근한다. 그러다가 친해지면 조금씩 여자아이들을 '가스라이팅'하기 시작하면서 피해 아동의 약점을 찾기시작한다. 비행소년들이 피해 아동의 약점을 잡게 되면 본색을 드러내고 피해 아동을 협박하기 시작한다. 비행소년은 항상 반말로 피해 아동에게 명령하는 반면, 피해 아동에게는 항상 존댓말을 쓰고 말대꾸도하지 말라고 강요한다. 또한, 자신을 '주인님'으로 부르라고 한다. 비행소년은 피해 아동에게 나체 사진이나 자위 동영상을 촬영하여 보내달라고 요구하고, 즉시 보내지 않으면 피해 아동의 약점을 다른 친구들

이나 가족들에게 알리겠다고 협박한다.

　이런 유형의 비행을 사건으로 접하였을 때 두 가지 점에서 놀라웠다. 첫 번째는 사실 비행소년의 협박이라는 게 내 입장에서 보면 별거 아닌 것 같은데 피해 아동들이 너무 쉽게 끌려다니는 것처럼 보인다는 것이다. 두 번째 놀라운 점은 이런 유형의 범행을 저지르는 비행소년을 실제 법정에서 만나보면 매우 소심하고 왜소한 타입이라는 점이다. 이런 유형의 범행 피해 아동들은 어린 경우(초등학생 정도)가 많기 때문에 어른의 입장에서 보면 별거 아닌 협박에도 쉽게 넘어가는 것 같다. 만약 자신의 자녀가 초등학생 여자아이인데 핸드폰을 보여주기를 꺼리면서 항상 불안해하고 있다면 한 번쯤 이런 피해를 당하고 있는 것은 아닌지 점검해 볼 필요가 있다.

몰카 비행

　요즘은 타인의 신체를 허락 없이 불법촬영하는 몰카 비행도 많이 늘었다. 특히 여자 화장실에 침입하여 여자가 용변 보는 모습을 촬영하는 비행이 많이 늘었는데, 어떤 비행소년은 여자 화장실에 시선을 끌지 않고 잠입하기 위해 여성용 가발을 준비하기도 한다. 놀라운 사실은 이러한 비행을 저지르는 대부분의 아이들이 학교에서는 모범생인

데다가 가정환경도 나쁘지 않다는 점이다. 몰카 비행을 저질러 소년재판을 받게 된 아이들을 조사해 보면, 학업 스트레스를 풀기 위해 이런 범행을 저질렀다고 변명하는 경우가 많다. 그리고 매번 비행을 저지를 때마다 죄의식을 느끼며 그만두고 싶었으나 자신의 의지로는 그 비행의 유혹을 이겨내지 못했다고 한다. 그래서 오히려 단속되었을 때 "이제는 이 비행을 멈출 수 있겠구나"라고 생각하며 안도하였다고 한다.

몰카 비행을 저지른 아이들이 단속되기 전에 스스로 그 비행을 멈추는 것은 거의 불가능에 가까워 보인다. 몰카 비행을 저지른 소년들이 적절한 처분을 통해 자신의 범행에 대해 진지하게 반성하고 재비행의 유혹을 이겨낼 만큼의 내적 성장을 이루지 못한다면 성인이 돼서도 계속 그 범행의 습벽을 끊지 못할 것이다. 자기 분야에서 이미 성공을 거둔 유명 아나운서나 스포츠 스타까지도 몰카 범행에 연루되어 그동안 쌓아 온 모든 노력의 결과들이 한순간에 물거품처럼 무너지는 것을 본 적이 있다. 그렇기에 나는 몰카 비행을 저지른 소년의 경우 그의 가정환경에 대해 철저하게 조사하여 그러한 범행에 이르게 된 요인을 제거하고 엄중한 처분을 내림으로써 그 소년이 다시는 몰카 비행에 연루되지 않도록 하였다.

조폭 영화 같은 한 장면

일명 '오피깨기'란 범행이 있다. 오피스텔에서 은밀히 성매매가 이루어지는 것을 이용한 것으로 비행소년이 성매수자로 위장하여 성매매가 이루어지는 오피스텔에 들어간 뒤 오피스텔에서 일하는 여성을 협박하여 그 여성이 가지고 있는 돈을 갈취하는 수법이다. 피해 여성은 성매수남으로부터 받은 다액의 현금을 보유하고 있을 것이고, 성매매가 불법이므로 위와 같은 범행을 저질러도 신고가 쉽지 않을 것이라는 가정하에 이런 범행을 저지른다.

이와 반대로 성매매를 가장한 공갈 범행도 몇 년 전부터 기승을 부리고 있다. 보통 소년 사건으로 아주 중한 사건이 오지는 않는다. 그런데 강력 사건 중 꽤 흔한 유형이 성매매를 할 듯이 성매수남을 유인한 다음 성매수남을 협박·폭행하여 그로부터 돈을 빼앗는 강도상해 사건이다. 비행소년 중 여자아이는 성매매 여성으로 가장하여 성매수남과 연락을 취한 뒤 모텔에서 만난 후 성관계를 가질 것처럼 하다가 성매수남이 샤워를 하러 화장실로 들어가면 다른 남자 비행소년들에게 연락을 취한다. 그러면 남자 비행소년들이 모텔로 들어와 성매수남에게 성매매 여성이 자신의 여동생인데 미성년자와 성매매를 하려고 했으니 신고하겠다고 협박한다. 협박이 통하지 않으면 각목 등으로 성매수남을 폭행한다. 그러면 대부분의 성매수남들은 자신의 범법행위가 밝혀질까 봐 또는 폭행을 견디지 못하여 그 자리에서 비행소년들이 요구한 현금을 주든지 아니면 근처 현금인출기까지 가서 현금을 뽑아 주게 된다.

　이러한 유형의 비행은 사전에 철저하게 준비하여 역할을 분담하고, 그 과정에서 강력한 유형력이 동반되기 때문에 죄질이 좋지 않다. 특히 이와 같은 범행은 그 범행이 계획대로 잘되지 않았을 때 더 큰 피해가 발생할 수 있다. 실제로 범죄현장을 목격하고 모텔 방문을 열라고 요구했던 모텔 여주인을 비행소년들이 심하게 폭행했던 사건도 있었다. 또 하나의 문제는 이러한 유형의 강도·공갈 사건을 저지르는 비

　상속, 이혼, 소년심판 그리고 법원

행소년들이 별로 죄의식을 느끼지 못한다는 점이다. 성매수남을 협박해 돈을 뜯어내는 것은 성매매 범죄자를 괴롭히는 것이기 때문에 그리 나쁜 범행이 아니라고 착각하는 것이다. 더 나아가 이러한 유형의 범죄를 저지르면서 자신들을 성매수남을 혼내주는 '정의의 사도'로 생각하는 비행소년들도 있다.

그런데 앞서 언급한 두 가지 유형의 범죄 집단이 서로 맞부딪치는 사건이 있었다. 먼저 성매매 여성으로 가장한 비행소년과 성매수남으로 가장한 비행소년이 만난다. 성매수남으로 가장한 비행소년은 계획대로 성매매 여성으로 가장한 비행소년을 협박하기 시작한다. 뭔가 잘못된 것을 알아차린 성매매 여성으로 가장한 비행소년은 잠깐 화장실에 다녀온다고 하면서 근처에서 기다리고 있던 남자 비행소년들에게 전화를 건다. 성매매 여성으로 가장한 비행소년의 전화를 받고 출동한 일당을 보게 된 성매수남으로 가장한 비행소년은 사태를 파악하고 자기 쪽 무리에게 전화를 건다. 이에 성매수남으로 가장한 비행소년 측 무리들도 대거 등장하면서 마치 조폭 행동대원들의 결사 항전과 같은 상황이 연출되었다. 그런데 성매매 여성으로 가장한 비행소년 측 일당들의 규모가 더 컸던 탓인지 성매수남으로 가장한 비행소년 측 무리들은 모두 도망쳐 미리 준비했던 차량으로 피신했다. 성매매 여성으로 가장한 비행소년 측 일당들이 각목 등으로 성매수남으로 가장한 비행소년 측 무리들이 타고 있던 승용차를 부서트릴 기세를 취하자 성매수남으로 가장한 비행소년 측 무리들은 자신들의 범행에 대해 조사받을 것까지 각오하며 경찰에 도움을 요청했다. 결국 두 범죄 집단의 무리 및 일당들은 모두 형사재판과 소년재판을 받게 되었다.

상속, 이혼, 소년심판 그리고 법원

재판 중계방송의
필요성

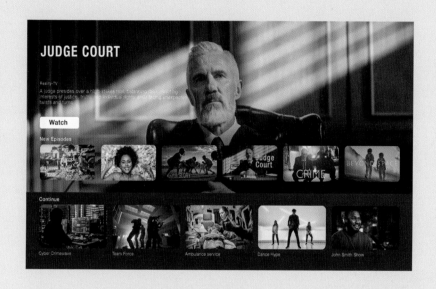

　우리나라 법정은 원칙적으로 누구에게나 공개되어 있다. 따라서 대한민국 국민은 자신의 재판이 아니더라도 다른 사람의 재판을 합법적으로 방청할 수 있다. 그런데 많은 사람들의 관심을 받는 사건의 경우 법정의 방청석은 방청을 원하는 모든 사람들을 수용하기에 부족하다. 역사적인 사건이 될 수 있는 재판을 직접 두 눈으로 보고 싶어도 재판 시작 전 실시되는 방청권 추첨에서 당첨되지 못한다면 재판을 직접 볼 수 없게 된다. 대신 법정에 들어가서 직접 재판을 방청한 언론사의 보도 또는 직접

재판을 방청한 사람들이 보고 들은 내용이 담긴 블로그나 소셜미디어 등의 게시물을 통하여 간접적으로 재판 내용을 접하는 데 만족해야 한다.

그렇다면 위와 같이 많은 사람들이 직접 방청하고 싶어 하는 재판 과정을 TV나 인터넷을 통해 중계방송하는 것은 가능한 것일까? 재판 중계방송의 허용 여부 및 범위에 대해서는 각국 법원마다 차이를 두고 있는데, 그 이유는 재판 절차를 바라보는 근본적인 시각의 차이와 더불어 재판 방송으로 인하여 제한될 수 있는 법익과 권리들의 보호 필요성에 대한 인식 차이 그리고 재판 방송을 통해 달성하려는 정책적 목표가 서로 다르기 때문이다.

예를 들면, 미국은 재판을 사적인 영역에 포섭시키지 않고 재판 과정에서 나온 모든 정보를 공공의 재산으로 취급한다. 재판 절차를 재판 당사자 스스로 사생활의 비밀 등을 포기하며 능동적으로 만들어 가는 유기적 과정으로 이해하기 때문에 재판 방송에 있어 재판 당사자의 사생활의 비밀 등 인격에 관한 권리 등은 크게 문제되지 않고, 주로 재판 중계방송이 증인이나 배심원 등 절차 관여자들의 임무에 영향을 주어 재판 당사자의 공정한 재판을 받을 권리가 침해되었는지만 문제된다. 이는 다른 영미법계 국가들도 마찬가지이다. 이에 반해, 독일과 같은 대륙법계 국가들은 재판을 국가기관인 법관이 강제력을 통해 증거를 수집하여 진실을 추구하는 제도로 이해하므로 재판 중계방송 시 노출될 수 있는 재판 당사자의 인격에 관한 권리의 침해를 주된 문제로 인식한다.

이러한 차이점에도 불구하고 각국의 재판 방송 현황과 사례를 분석해 보면 공통적으로 재판 방송의 주된 목적은 사법 시스템 감시를 통한 사법 신뢰 유지 및 제고이고, 재판 방송으로 인해 제한되는 권리는 재판 당사자의 공정한 재판을 받을 권리와 사생활의 비밀, 초상권 및 개인정보자기결정권 등 재판 당사자의 인격에 관한 권리이며, 재판 방송으로 보호되거나 신장되는 권리는 국민들의 알 권리 및 언론의 취재의 자유라는 것을 알 수 있다.

재판 공개의 주된 목적은 사법 신뢰의 제고이다. 사법 정보의 양이 늘면 사법에 대한 지각과 인식이 늘어나고 이렇게 늘어난 지각과 인식은 사법 신뢰로 연결된다는 견해가 있다. 위 견해에 따른다면 재판 중계방송은 사법 정보의 양을 광폭하게 늘리는 수단이므로 사법 신뢰에 기여할 수 있다. 이러한 가설은 스페인 법원이 '열차 폭탄 테러' 사건에서 전 세계를 상대로 재판 중계방송을 실시한 후 사법부에 대한 국민들의 신뢰를 회복했던 실증적인 예로 뒷받침된다. 현재 스마트폰과 소셜미디어의 발달로 재판과 관련된 무분별한 정보가 난립하고 있고 국민들이 이를 신뢰하려는 경향이 있는데, 재판 중계방송은 사법에 관한 정보를 국민들에게 편집 없이 직접 전달해 주는 수단이므로 이러한 문제를 해결할 수 있고, 이는 결국 사법 신뢰의 밑거름이 될 수 있다.

재판 중계방송으로 인하여 재판 당사자의 공정한 재판을 받을 권리가 제한되는지에 관하여는 이를 인정할 과학적인 근거가 없다. 이는 미국 연방대법원의 Chandler 사건에서도 확인되었고, 미국 학자 Paul Lambert의 실험에 의해서도 증명되었다. 재판 중계방송을 통해 사법 정보가 왜곡될 수 있다는 우려는 사법부가 재판 방송의 주체가 되어 재판 전 과정을 직접 촬영할 경우 해결될 수 있다. 다만, 재판 당사자의 동의를 받지 않은 상태에서 실제 재판을 방송하게 될 경우 변론이나 증거조사 과정에서 노출된 재판 당사자의 사생활이 공개되어 방송을 통해 광범위하게 확산될 수 있고, 재판 당사자의 허락 없는 초상에 대한 촬영 및 공표가 이루어지며, 재판 당사자의 개인정보가 재판 당사자의 의사에 반하여 수집·이용·제공되므로 재판 중계방송은 재판 당사자의 기본권 제한을 야기한다.

따라서 재판 중계방송을 통해 사법 신뢰를 제고하면서 재판 당사자의 기본권 제한을 최소화하기 위해서는 재판 방송의 대상 사건을 한정할 수밖에 없다. 국민적 관심의 정도와 사회에 미칠 영향력이 매우 클 것으로 예상되는 공익에 관한 사건 중 그 사건에 대한 방청 수요가 그 사건이 진행되는 법정의 수용한계를 초과하는 사건이라면 재판 중계방송을 허용하는 것이 어떨까 한다. 어차피 이런 유형의 사건들의 재판 내용은 재판을 중계방송하지 않더라도 언론에 의해서 사실상 실시간으로 재판 내용이 공개되고 있기 때문에 재판을 중계방송한다고 하여 재판 당사자의 기본권이 더 침해된다고 보기도 어렵다. 다만, 일부 사건에 대해 재판의 중계방송을 허용하더라도 증인, 배심원 및 방청인에 대한 보호조치는 필요하다.

소년재판의 보람

    소년재판에서는 민사재판이나 형사재판을 통해서는 느낄 수 없는 보람을 느끼는 경우가 많다. 확실히 아이들은 성인들과 다르다. 퇴소 전 법관 면담(6호 처분으로 아동복지시설에 입소한 아이들이 그 시설 퇴소 1달 전에 재판을 담당했던 판사와 면담하는 시간)을 할 때 면담하는 아이들 모두 시설에서 잘 생활했고, 그 아이들에게 좋은 방향의 변화가 일어났다는 얘기를 시설 선생님들로부터 들으면 그날은 기분이 참 좋다. 그러나 때로는 시설에서 6개월을 보냈음에도 시설에서 나가면 다시 재비행을 저지를 것 같은 아이들(충분한 내적 성장을 이루지 못한 아이들)의 경우에는 처분을 연장해야 할지 말지 고민이 된다. 이럴 때는 먼저 아이에게 처분이 왜 연장되어야 하는지 그 이유를 잘 설명해준다. 만약 그 아이가 연장의 취지를 잘 수용해서 받아들이는 경우에는 괜찮지만, 울면서 자신은 꼭 사회로 다시 나가야 한다며 처분 연장을 받아들이지 못하는 경우엔 마음이 썩 좋지는 않다.

    수원가정법원은 6호 시설 퇴소 1~2달 전 입소했던 아이들과 식사를 하는 형식으로 퇴소 전 법관 면담을 진행한다. 이 제도는 수원가정법원에 부장판사로 근무하셨던 엄상섭 변호사님이 시작하셨다고 한다.

소년재판을 처음 맡았을 때 이 제도는 그야말로 나에게 충격적이었다. 민사재판이나 형사재판에서는 재판 당사자와 판사가 식사를, 그것도 재판 전후에 한다는 것은 상상도 할 수 없는 일이기 때문이다. 그뿐만이 아니다. 소년부 판사는 자신이 처분을 한 아이들이 모여 사는 6호 시설을 방문하여 그들의 생활을 자세히 살펴보고, 때로는 그 아이들이 준비한 공연이나 장기자랑을 관람하고 이들을 격려하기도 한다. 소년부 판사의 역할은 전통적인 판사의 역할과 매우 다르다. 어떻게 보면 의사나 선생님에 가깝다고 볼 수 있다. 쉽게 말하자면 소년재판에서의 처분(1~10호 처분)은 형벌이 아니다. 소년재판에서의 처분은 비행소년을 교화하고 성행을 개선하여 그들을 올바른 사회구성원으로 만드는 과정 중에 필요한 하나의 수단에 불과하다. 퇴소 전 비행소년들과 함께하는 식사 역시 업무의 연장이고 위에서 언급한 과정에 필요한 수단이다.

소년부 판사는 자신이 처분했던 비행소년들과 식사를 하는 과정에서 그 아이들의 변화된 모습과 재비행 방지에 대한 의지를 확인·관찰하고 평가한다. 그렇다고 소년재판에 있어서 처분이 퇴소 전 법관 면담과 같은 정도의 수단에 불과하다고는 볼 수 없다. 왜냐하면 소년재판 과정에서 비행을 저지른 소년들에 관해 객관적으로 수집할 수 있는 여러 자료들이 모이게 되고, 소년부 판사는 처분 당시 그 어느 누구보다도 그 소년에 대한 많은 정보를 바탕으로 그 소년에게 적절한 처분을 하게 되는데, 사실 그 처분은 비행소년을 6개월 또는 2년 동안 사회로부터 격리시킬 수 있는 정도의 강력한 것이 될 수도 있기 때문이다.

소년부 판사가 2명밖에 없었던 2019년 수원가정법원의 경우 소년재판 사건이 6,000건을 넘었으므로 소년부 판사 한 명당 1년간 3,000건의 사건을 처리하였다. 따라서 소년부 판사가 자신이 맡은 사건들에 등장하는 모든 비행소년들의 인생에 깊숙이 개입하는 것은 부적절할 뿐만 아니라 불가능했다. 다만, 소년부 판사는 소년에 대한 조사, 처분 및 집행감독을 통해 소년의 청소년기 인생에 일정한 방향을 설정해 줄 수 있다. 소년부 판사는 여러 인적, 물적 시설을 통해 각 비행청소년에 알맞은 길(Path)을 선별하여 주게 되고, 실제 소년이 그 길을 잘 따라가고 있는지는 보호자, 위탁보호위원, 6호 시설 또는 소년원 등 각 집행기관이 확인하고 도와줘야 할 것이다. 만약 그 길이 그 비행소년에게 맞지 않는다면 소년부 판사는 직권으로 또는 관계기관의 요청으로 처분변경을 통해 비행소년에게 새로운 길을 제시해 주어야 한다.

소년부 판사의 숙명

6호 처분을 받고 아동복지시설에 가게 된 아이들의 99%는 자신이 6호 처분을 받은 것에 대해 불만이 많다. 6호 처분부터는 시설에 입소하게 되므로 아이들의 행동의 자유가 제한된다. 불만의 주된 이유는 대체로 자신들은 6호 처분을 받을 만큼 잘못을 하지 않았는데, 판사가 너무 무거운 처분을 했다고 생각하기 때문이다. 그러다 아동복지시설 입소 후 2개월 정도 지나게 되면 시설 선생님들의 진심 어린 교육과 규칙적인 생활의 긍정적인 면을 맛보고 대부분 아동복지시설에서 생활할 수 있는 기회를 준 판사에게 고마워한다.

나는 법정에 서게 되는 아이들 한명 한명에 대해 개인적인 감정을 가져본 적이 없다. 비록 그 아이들이 잘못을 저지르긴 했지만, 아직은 미성숙한 소년이기 때문에 그 아이가 교화되어 바르게 성장하길 바랄 뿐이다. 이 재판을 통해서 단 한 명의 아이라도 비행의 늪에서 벗어나 평범한 사회구성원으로 자라날 수 있다면 고된 재판 과정은 보상을 받는다.

소년재판을 하면서 가장 불편할 때는 법정에서 만난 아이의 교정에 가장 효과적일 것이라고 생각해서 내린 처분이 별 효과가 없었을 때이다.

법정에서 처분을 받고 밖으로 나간 아이가 또 다른 비행을 저질러 다시 법정에 서게 되면 나의 처분이 그 아이에게 별다른 변화를 주지 못한 것 같아 괴롭다. 어떤 처분을 해야만 그 아이가 변할 수 있을까? 어떤 처분이 그 아이에게 가장 도움이 될까 늘 고민하는 것이 소년부 판사의 숙명이다.

No.

To. 김태현 판사님께

안녕하세요 판사님 저   아이에요 마자렐로에서 생활한지 어느덧 5개월이 다 되어 가네요 처음 이곳에 왔을때는 아무것도 몰랐고 시간만 채우면 나갈거라고 막연하게만 생각하고 의미없이 시간을 보냈는데 한달도 안돼서 중국어를 마스터하겠다는 목표가 생겼었습니다 목표가 생기니 신기하게 시간도 빨리가고 나름 뿌듯했습니다 엄마도 제가 다시 중국어를 한다는 소리에 기뻐하며 책을 사와주셨습니다 그렇게 저는 나름 열심히 아주 잘 살고있다고 생각했습니다 하지만 제 생각은 틀렸나봅니다 저는 약한 애들을 괴롭히거나 폭력, 폭언을 행하거나 꿈을 주는 행위는 일체 하지않고 있고 수업을 안들어가거나 큰 규칙들을 어기지않고 잘 살고있다 생각했는데 꼭 크게 소란을 피우거나 대놓고 욕을 퍼붓거나 막 싸우는것만이 생활을 못하는 기준이 아니라고 하시더군요. 정말 의문이였습니다 도대체 뭘 어떻게해야 생활을 잘하는걸까.. 그럼 나는 지금 뭐가 문제일까... 정말 착잡하고 어렵고 머리가 터질것같이 힘들었습니다 지금까지 아무리 화가나고 서러워도 다 참고 절제력을 기르며 견뎌왔는데 이게 맞는게 아니라는 소리에 와르르 무너지는듯한 느낌을 받고 무용지물이라 생각 됐습니다 처음에 밖에서 생활했던거랑 너무 달랐기에 부정하고 싶었고, 내가 살던데로 살면 된다고 생각했는데 요즘들어 의식하고 비춰지는 제 모습이 잘못됐다는걸 느꼈습니다 어제도 그저께도 저번에도 선생님들께서 저에게 해주셨던 충고들 조언들이 조금씩 와닿기 시작했어요. 그래서 사소한것들부터 차츰차츰 변해보려고 노력하고있어요 잘보이려고가 아닌 내자신을 위해서 변해보려고요. 저의 지난 모습들에 비해 제 나름대로 노력하고있을때 수녀님, 선생님들께서 몰라주시고 저를 다그치실때는 화도나고 서운하기도 했어요 남들보다 조금 더 어색하고 서툴러서 부족한거겠죠? 속상하고 답답한 마음에 왈칵 울기도 했는데 이런 경험들이 있었던탓로 두달채도 안남은 시간

수줍은 고백의 감동

오늘은 퇴소 전 법관 면담이 있는 날이다. 오후에 두 명의 아이를 만났다. 한 명은 후배를 협박하여 돈을 갈취한 아이인데 6호 시설에 입소하여 생활하던 중에 폭력성과 공격성이 개선되지 않아 집행 기간이 4개월 연장된 아이이다. 감호보고서를 보면 그 아이는 처분이 연장되기 전 선생님들의 눈을 피해 시설 내 어린 아이들을 괴롭혔다고 한다. 그러나 처분이 4개월 연장된 이후에는 폭력성이 교정되어 시설 학생자치회 부회장을 맡으며 생활을 잘하는 아이로 변했다고 한다. 지금은 6호 시설에 입소해서 적응하지 못하는 어린 친구들도 많이 도와주고 있다고 한다. 이 아이 역시 6호 시설 생활을 통해 많은 변화를 이루었고, 자신이 만약 6호 시설에 입소하지 않았다면 더 큰 사고를 쳤을 것이라고 하면서 나의 6호 처분에 감사하다고 말했다.

지금까지 6호 시설에 보냈던 아이 중 90% 이상은 6호 시설에서의 생활이 자신에게 큰 도움이 되었다고 한다. 그래서 나는 6호 처분을 받은 소년들이 비록 법정에서는 그 처분을 받아들이지 못한다고 하더라도 빠르면 입소 후 1주일, 길게는 입소 후 2달 내에 6호 처분을 받게 된 것에 대해 감사하게 여길 것이라고 확신한다. 오늘 만났던 아이

중 한 아이는 책, 특히 소설책 읽는 것을 좋아한다고 하여 내가 재미있게 읽었던 소설책을 선물해주었다. 또 다른 한 친구는 폭행과 절도 등으로 6호 처분을 받은 남자아이인데 나에게 보낸 편지 말미에 "사랑해요! 판사님~"이라고 쓰고 문장 양쪽 끝에 하트 모양을 그려 넣기도 했다. 물론 이런 말을 곧이곧대로 믿는 것은 아니다. 그러나 6호 처분 당시 사회에 대한 불만과 증오로 가득 찼던 소년이 이렇게 밝은 표현도 할 수 있게 변했다는 점은 고무적이다. 오늘 만난 아이 둘 모두 6호 시설 내에서 굉장히 모범적으로 생활을 잘하고 퇴소하는 아이들이다. 이런 친구들을 면담하는 날에는 기분이 좋다.

<6호 아동복지시설에서 생활하던 비행소년이 가족을 생각하며 만든 작품>

6호 처분을 받은 아이 중 어떤 아이는 나의 처분에 화가 났는지 내가 6호 시설 방문했을 때 나의 눈을 피하며 면담 시간에도 고개를 푹 숙인 채 아무 대답도 하지 않았다. 6호 시설에서는 아주 모범적인 생활을 하고 있다고 하던데, 나만 만나면 영 표정이 밝지 않았다. 퇴소를 앞두고 며칠 전에 그 아이를 판사실에서 만났는데, 그때도 좀 어색할 정도로 대화가 자주 끊겼다. 그렇게 어색하게 면담을 마치려는 찰나 그 아이가 판사실을 나가며 수줍게 입을 열었다. "판사님. 처음에 6호 처분하셨을 때 굉장히 화가 나고 미웠어요. 그런데 여기서 6개월 생활해 보니 저 자신에 대해 많이 돌아볼 수 있는 시간을 가지게 되었고, 그 덕분에 저는 예전의 나쁜 습관을 모두 없앨 수 있었습니다. 감사합니다." 갑자기 훅 들어온 전혀 예상치 못한 아이의 고백에 깊은 감동을 받았다.

예상치 못한 실망감

오늘 6호 아동복지시설에서 퇴소한 S군을 만났다. 그 아이는 워낙 성실하고 성격도 밝아 시설에서 칭찬이 자자한 아이였다. 오늘 오전 소년에 대한 감호 비용을 결재하면서 보고서 뒤에 첨부되어 있는 그 아이의 어머니가 보호자 특별교육을 받고 난 소감문을 읽게 되었다. 둘째 아이였던가 보다. 아이가 어렸을 적 너무나 밝아 항상 가정에 웃음을 주던 그런 아이였는데, 중학교 2학년이 되면서 반항과 탈선을 반복하다가 여러 비행을 저질러 소년재판을 받고 그런 과정을 겪으며 웃음기가 사라지고 눈빛도 차가워졌는데, 6호 시설을 다녀온 뒤 다시 예전과 같은 환한 웃음을 되찾고 따뜻한 눈빛도 되돌아왔다는 내용이다. 내가 6호 시설 방문을 했을 때도 인상 깊었던 아이였다.

그러다가 동료 판사들과 점심 식사를 하러 나가면서 우연히 그 아이를 다시 만나게 되었다. 소년재판을 받는 다른 친구를 응원하러 온 것 같았다. 나는 그 아이가 퇴소한 후 가족들과 많은 시간을 보내든지 아니면 이제껏 미뤄왔던 자신의 꿈을 위해 한참 노력하고 있을 줄 알았다. 그런데 그 아이는 다른 비행소년의 재판을 보기 위해 법원 앞을 서성거리고 있었다. 어떤 여학생이 옆에 있었는데, S군의 뺨에는 빨간색

립스틱 자국까지 묻어 있었다. 나는 그 아이에게 법원 근처에서 서성 거리지 말고 얼른 집으로 돌아가라고 말하고는 앞으로 잘하는지 보호 관찰소 직원을 통해 지켜보겠다고 경고하면서 기다리고 있던 동료들을 향해 걸어갔다. 왠지 마음이 씁쓸해졌다.

상속, 이혼, 소년심판 그리고 법원

아이들이 보내는 편지

　6호 아동복지시설 중 한 곳인 마자렐로 센터로부터 아이들의 편지를 전해 받을 수 있었다. 자신의 일상생활을 일기처럼 써서 보내는 친구들도 있고, 나에 대한 원망을 담은 편지도 있었다. 가끔은 자신의 가정사를 상세히 설명하면서 자신이 왜 그런 비행을 저지를 수밖에 없었는지 하소연하는 변론요지서 같은 내용의 편지도 있었다. 그러나 가장 마음을 울리는 편지는 시설에서 생활하면서 자신의 인생에 대해 진지하게 성찰하고 서서히 변해가는 자신의 모습을 담담하게 써 내려가는 편지이다.

보통 비행소년들은 항상 바깥으로 돌면서 친구들을 만나 정신없는 시간을 보내기에 자신에 대해 성찰하고, 자신의 인생이나 미래에 대해 진지하게 고민하는 시간을 가지지 못한다. 그런데 자의 반 타의 반으로 시설에서 생활하게 되면서 그동안 돌아보지 못했던 자기 자신을 바라보는 시간을 가지게 되고, 문득 자신이 "이렇게 살아서는 안 되겠구나"라고 깨닫는 친구들이 있다. 이런 내용의 성찰이 담긴 편지를 쓰는 친구들은 대체로 시설 퇴소 후의 생활도 흔들리지 않는다. 판사에게 편지를 보내고 답장을 바라는 친구들도 많다. 그렇지만 내가 감독권한을 가지고 있는 아이들과 편지로 교류하다 보면 왠지 아이들에 대한 객관적인 시각이나 자세를 잃을 것 같기도 하고, 편지를 쓰지 않는 친구들과의 형평성 문제 때문에 답장은 하지 않았다. 다만, 공식적으로 6호 시설에 방문할 경우 "네가 보내준 편지를 잘 받아 읽고 있다"라고 격려하는 것은 잊지 않았다.

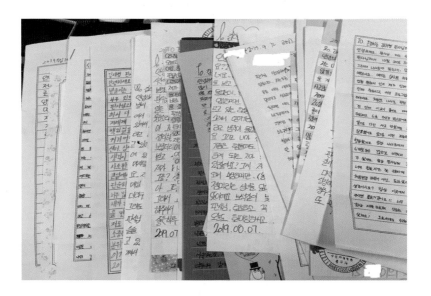

　상속, 이혼, 소년심판 그리고 법원

법관이
되기 전의 나

　나는 어렸을 적 수줍음을 매우 많이 타는 편이었다. 사람들 앞에 나서
는 것을 싫어했고 친구들과 어울리기보다는 집에서 혼자 장난감 조립하
는 것을 좋아했다. 그런 나를 적극적이고 사교적으로 만든 1등 공신은 어
린 시절부터 들었던 음악과 절친인 P군이었다. 대학교에 입학하자마자
학교 방송반에서 만났던 P군은 수려한 외모에 수많은 아이디어를 가진
아주 적극적인 친구였다. 어느 날 P군이 스포츠신문을 옆에 끼고 좋은
기회가 왔다며 집으로 찾아 왔다. 그 스포츠신문에는 엠넷(M.net)이라는
음악전문 케이블방송국에서 VJ 2기(1기에는 최할리, 이기상 등이 있었
음)를 공개 모집한다는 내용이 기재되어 있었다. 모집절차는 서류심사,
카메라테스트, 야외촬영 및 심사, 심층테스트의 4단계로 진행되었는데,
당시 케이블방송이 시작된 지 얼마 안 되었고, VJ라는 직업이 연예계 진
출의 교두보처럼 여겨졌으며, VJ가 흔하지 않아 뭔가 신세대 직업같이
보였는지는 몰라도 지원자가 많아 경쟁률이 300∶1을 넘어섰다.

　나와 P군은 나란히 서류심사를 함께 통과하여 엠넷 방송국에서 본인이
좋아하는 노래 3곡 정도를 소개하는 형식의 카메라 테스트를 받을 수 있
었는데, 당시 심사위원이 본인과 친구인 P군 중에 한 명만 선발될 수 있
다면 누가 됐으면 좋겠냐는 질문을 나에게 하였다. 그때 서슴지 않고 웃

으며 "P군은 여러 가지로 저보다 능력이 뛰어나니 다른 일도 잘할 것이므로 제가 뽑혔으면 좋겠다"라고 대답했는데, 결국 P군이 그 단계에서 떨어져 그 이후 상당기간 동안 나는 마음이 불편했었다. 야외촬영 단계부터는 후보가 약 10명 정도로 압축되어 심층적인 심사가 이루어졌는데, 그러다 보니 후보들끼리 서로 친해지게 되었고 심사가 끝나는 날이면 삼삼오오 모여 술도 마셨다. 그들의 배경은 다양했는데 주로 모델, 해외 유학생들로 필자 외에는 모두 아나운서나 연기자 지망생들이었다.

특히 그중에는 지금은 너무나 유명한 배우 '김명민(불멸의 이순신, 하얀거탑 등 출연)'도 있었다. 화려한 다른 후보자들을 보며 나는 채용에 대한 기대를 접은 상태로 최종결과 발표일조차 잊고 있었는데, 엠넷 측으로부터 최종 합격하였으니 며칠 뒤부터 출근하라는 통보를 받았다. 음악적 지식이 뛰어난 것도 아니었고, 외모 역시 평범하였으며, 외국어를 잘하는 편도 아니었던 내가 선발된 것은 아마도 당시 엠넷의 경쟁사였던 KMTV의 서울대 치대 출신 김형규에 대한 대항마 차원이 아니었나 싶다.

채용 직후 엠넷 홍보팀 직원의 인솔로 거의 전 신문사와 잡지사 기자들을 만났다. 나를 포함한 엠넷 2기 VJ 세 명은 일주일 동안 평균 하루 세 개의 언론기관을 방문하여 스스로를 홍보하였다. 내가 처음 맡았던 방송은 매일 저녁 5시부터 6시까지 1시간 동안 방송되었던 <젊음이 있는 곳에>라는 프로였다. 나와 K군, 담당 PD, 작가들은 어린 남자 2명이 진행하고, 프로그램의 제목도 <젊음이 있는 곳에>니 여러 가지 파격적인 시도를 해보자며 의기투합했다. 그래서 처음 시도한 것이 본 방송 시작

전 매일 나가는 30초 정도의 '프로그램 오프닝'을 강력하게 만드는 것이 었는데, 당시 담당 PD는 열정을 주체하지 못하는 젊은이들의 에너지를 표현할 것이라면서 K군과 나에게 담벼락, 논밭, 주차장, 구룡터널 등에서 열심히 뛸 것을 요구했다. 그의 요구대로 '구룡터널' 같은 데서 한 시간씩 뛸 때는 정말 너무나 숨이 막혀 "내가 도대체 왜 이 짓을 해야 하나"라고 생각했는데, 촬영 후 완성된 오프닝 영상을 보니 영화 <트레인스포팅>과 비슷한 분위기가 나는 게 꽤 만족스러워서 역시 전문가는 다르구나 생각 했다.

당시 우리 팀은 일방적인 뮤직비디오 소개를 넘어 수많은 코너를 개발 하였는데, 그중에는 지금의 홈쇼핑채널처럼 최신 유행아이템을 소개하는 것도 있었고, 시청자들을 직접 스튜디오에 초대하여 스스로 뮤직비디오 를 소개할 수 있는 기회를 주는 '나도 VJ' 코너도 있었으며, 뮤직비디오의 명장면, 멋진 춤을 직접 배워보는 코너도 있었다. 그러나 이러한 야심찬 출발과는 달리 시청률은 별로 올라가지 않았고, 우리 팀은 시청자들의 눈 높이를 맞추지 못한 채 자기만족적 방송을 계속하다가, 결국 윗선에 의해 해체되었다.

그 후 나는 호흡을 맞추었던 K군과 분리되어 매일 아침 10시에 팝 음 악을 소개하는 <엠넷 투데이>라는 방송을 진행하게 되었는데, 이는 청소 년 시청자들이 많은 저녁 방송에서 아침 방송으로 밀려나는 2군 강등과 같은 불명예였다. <엠넷 투데이> 초기에는 우리 팀에 멘트를 작성해 주 는 작가가 배치되어 있어 일의 부담이 적었으나, 위 프로그램을 맡은 지

6개월 뒤부터는 예산상의 이유로 작가의 도움 없이 내가 방송에 나가는 멘트를 모두 직접 쓰게 되었다. 그런데 모든 일을 혼자 하게 되니 별다른 아이디어도 떠오르지 않았고, 획기적인 코너를 진행하기도 어려웠으며, 흥도 나지 않아 점점 매너리즘에 빠지게 되었다. 급기야는 방송하는 것 자체가 싫어져 빨리 학교로 돌아가고 싶었다. 그러던 중 나와 K군은 엠넷으로부터 추후 재계약은 없을 것이라는 통보를 받게 되었다. 나의 경우 이러한 분위기를 미리 예상하고 있었고 바라던 바였기 때문에 무덤덤했으나, 계속해서 방송을 하고 싶어 했던 K군은 매우 낙담하며 앞날을 걱정하였다. 이런 K군의 모습을 보며 사회생활의 차가운 일면을 간접적으로 일찍 경험하게 되었고, 그래서 사법시험을 준비하게 되었는지도 모르겠다.

엠넷에 근무하는 동안 매일 방송을 진행하였기에 학교 수업은 거의 들을 수 없었다. 그러나 녹화가 끝난 후 방송국 자료실에 남아 어린 시절부터 너무나 보고 싶었던 가수들의 뮤직비디오(구하기 어려운 희귀자료 등)를 원 없이 볼 수 있었고, 가끔씩 청담동 등에서 열리는 파티에 VJ 자격으로 참석하여 다양한 사람들과 교분을 쌓을 수 있었으며, 서태지와 아이들, 신해철, 패닉 등 당시 활동했던 가수 대부분을 직접 볼 수 있는 기회가 많았기에 그 시절에 대한 후회는 없었다. 가끔 VHS 공테이프를 들고 좋아하는 뮤직비디오를 복사하러 밤늦게 방송국 편집실에 들어가 보면, 머리를 쥐어뜯으며 담배를 피우고 있는 PD, AD를 심심치 않게 볼 수 있었다. 그분들을 보며 한때 잠깐이나마 생각했던 PD라는 장래의 꿈을 접게 되었다. 당시 20살이었던 나는, 30~40대의 방송국 직원들을 보고,

때로는 그들과 소통하며 나름대로 의미 있는 경험들을 공유할 수 있었고, 이는 내가 장래의 진로를 정하는 데 지대한 영향을 미쳤다. 엠넷 근무 당시 매일 한 시간씩 방송을 했음에도 당시 나를 알아보는 사람은 거의 없었다. 당시 케이블 TV 시청률이 높지 않았던 것도 한 가지 이유였겠지만 (그나마 같은 과 친구들이 당구장에서 틀어주는 TV에서 보았다는 게 전부임), 아마도 내가 시청자들에게 크게 어필하지 못한 것이 가장 큰 이유였을 것이다. 코디로부터 내 이미지가 너무 평범하므로 머리를 동그랗게 깎고 귀고리를 착용한 다음 안경을 써 보라고 해서, 바로 그렇게 실행하기도 했지만 별다른 효과는 없었다. '이미지'가 문제가 아니라 나만의 '콘텐츠'가 없었던 것이다. 지금 생각해 보면 나는 그 당시 '프로'로서 절실한 사회생활을 했다기보다 취미 삼아 아르바이트하는 느낌으로 일을 했던 것 같다.

VJ를 그만두고 학교로 돌아오니 무척 허전하였다. 특히 지난 2년간 매일 아이디어를 짜내고, 멘트를 구상하며, 음악을 만들거나 듣고, 사람들을 만나는 등 감성에 따라 살았는데, 차분히 이성에 귀 기울이며 학교 수업을 듣고 시험을 준비한다는 것이 생각보다 쉽지 않았다. 공부를 하다 보면 자꾸 기타를 치고 싶고 음악을 듣고 싶어 책상에 앉기보다는 이성과 감성의 충돌로 인한 패닉상태로 침대 위에 널브러져 있기 일쑤였다. 그래서 어떤 식으로든 지난날을 정리하고 떠나보내야 본격적으로 미래를 준비할 수 있을 것 같아, VJ를 하면서 영감을 받아 작곡했던 곡들을 가지고 P군과 함께 신촌 카페를 빌려 그동안의 경험을 지인들과 공유하기 위한 공연을 마련하였다. 나는 이 공연을 마지막으로 음악과 관련된 모든 것을 내려놓았고, 이후의 새로운 삶에 더 집중할 수 있게 되었다. 학교 수업도 열심히 들어 좋은 성적으로 대학 졸업을 할 수 있었고, 대학 재학 중 변리사시험에 합격하여 변리사로 '김&장 법률사무소'에서 근무하기도 하였다. 그러다가 다시 사법시험을 보고 이곳 법원에 오게 되었다. 지금도 가끔 VJ 시절을 회상하면 즐거운 추억에 잠긴다. 1년 4개월밖에 안 되는 짧은 시간이었지만 내 인생 전체를 통틀어 현재의 모습과 가장 동떨어진 모습으로 살았던 기간이기 때문이다. 내 20대 초는 방황기라 할 수 있으나, 그런 시기를 보낸 것을 후회하진 않는다. 왜냐하면 그런 경험들이 없었으면 아직도 그 곳에 많은 미련과 환상을 가지고 있었을 것이고, 지금 삶의 행복을 있는 그대로 느끼지 못했을 것이기 때문이다.

사춘기 학생을 둔 부모의 고민

　요즘에는 아동학대 사건과 소년심판 사건이 같이 연관되는 경우를 많이 보게 된다. 주로 사춘기 자녀를 둔 부모들이 자신의 자녀가 말을 듣지 않는다는 이유로 체벌을 가하고, 아이들도 가만히 있지 않고 부모의 체벌에 대항하여 부모에게 욕을 하거나 부모를 폭행한다. 이런 상황으로 신고가 되면, 부모는 아동학대 사건의 가해자이면서 존속폭

행 사건의 피해자가 되고, 아이들은 아동학대 사건의 피해자이면서 존속폭행 사건의 가해자가 된다. 부모와 자녀 사이에 갈등이 생겼을 때 어떠한 상황에서도 물리적인 폭력행위는 허용되지 않는다. 쉽지 않더라도 부모는 대화로 아이들을 설득하고 가르쳐야 한다. 자녀들이 어려서 체구가 작은 경우 체벌을 통한 훈육이 쉬울 수도 있고, 일부 부모들은 자녀가 말을 듣지 않을 때마다 물리적인 행위로 자녀를 제압한다. 그러나 체벌이나 물리적인 제압에 노출된 아이들은 점점 그러한 제재에 내성이 생기게 되고, 결국 반항하고 사고 치는 아이들에게 이전과 똑같은 체벌로는 훈육의 효과를 거두지 못하게 된다. 그러다 부모들은 선을 넘어 자녀들에게 훈육을 위한 체벌이 아닌 감정이 실린 폭력까지 저지르게 된다.

폭력적 체벌의 또 다른 문제점은 가정폭력을 당한 아이들은 대체로 다른 사람을 상대로 폭행 비행을 저지르거나 자해를 하는 등의 문제를 일으킨다는 점이다. 소년의 가정환경을 조사하다 보면 폭력 비행을 저지른 소년들이 오랫동안 부모의 가정폭력에 노출되어 있었던 경우가 많았다. 자녀에 대한 단 한 번의 폭행도 자녀에게는 평생의 트라우마를 남길 수 있다. 따라서 아무리 시간이 오래 걸리고 어렵더라도 자녀와의 갈등은 대화를 통해 해결해야 한다. 그러나 자녀가 범죄나 비행을 저지를 때는 얘기가 달라진다. 이럴 때는 부모가 자녀를 체벌하기보다는 보호자 통고제도를 이용해 자녀로 하여금 소년재판을 받게 하는 것이 자녀의 미래를 위해 차라리 안전할 수도 있다.

03

통고는
어떻게 할까요?

통고서를 작성하여 법원으로 우편 발송하면 됩니다.
통고를 할 때는 소년과 보호자의 성명, 생년월일, 주거, 통고
자의 성명, 통고하게 된 사유 등을 명확히 밝혀야 합니다.

통고서 양식은 대법원 홈페이지의 '전자민원센터'(http://
help.scourt.go.kr) 메뉴 중 '양식찾기' 메뉴의 '양식명'에 '통
고'로 검색 후 내려받기하여 사용할 수 있습니다.

통고서 양식은 [일반용]과 [학교장용]으로 구분되어 있습니다.

○ ○ ○ ○ ○

통고서 양식

통 고 서 (일반용)

○○가정법원 소년부 귀중

통고인	성명			
	직장명			
	보호소년과의 관계 (□에 √표시)	□ 사회복리시설의 장	□ 보호관찰소	□ 보호자
	전화번호 (집 또는 직장)	( ) -	전화번호 (휴대전화)	( ) -

위 통고인은 다음과 같이 보호 대상 소년을 발견하였으므로 소년법 제4조 제3항에 따라
귀 법원 소년부에 통고합니다.

소년	성명		주민등록번호	-
	학년, 반			
	주소			
	전화번호	( ) -		
소년의 보호자	성명		소년과의 관계	
	주소			
	전화번호	( ) -		

통 고 사 유

■ 통고하게 된 사유의 요지 (□에 √표시)

□ 범죄를 저지름(14세 이상 19세 미만)

□ 형벌법령에 저촉되는 행위를 함(10세 이상 14세 미만)

□ 형벌법령에 저촉
되는 행위를 할
우려가 있음
□ 집단적으로 몰려다니며 주위에 불안감을 조성하는 성벽(버릇)이 있음
□ 정당한 이유 없이 가출함
□ 술을 마시고 소란을 피우거나 유해환경에 접촉하는 성벽(버릇)이 있음

■ 통고하게 된 사유의 상세(필요한 경우 별지 활용)

(일시, 장소 및 행위의 내용을 명확히 상세하게 기재하여 주시기 바랍니다.)

※ 참고사항 :

20 .
통 고 인 ○ ○ ○ 합

소년재판을 임하는 자세

나는 민사재판, 형사재판을 진행해 보기도 하고 사건 기록을 수도 없이 보았다. 그러나 아무리 사건 기록을 자세히 보아도 사건 당사자들의 심정을 100% 이해하기는 어렵다. 그런데 이혼재판, 가정보호, 아동보호, 소년재판 등 이른바 보호사건을 진행하다 보면 사건 당사자들의 심정이 이해되고 공감될 때가 많다. 그 이유는 매일매일 나에게 일어나는 크고 작은 일들과 유사한 내용들이 사건 기록 속에 있기 때문이다. 그래서 비행소년의 마음, 행위자들의 마음이 어느 정도 이해가 간다. 그러나 판사는 비행소년의 보호자가 될 수는 없다. 또한, 집행기관의 선생님들과 같은 정도로 소년들과 매일 교류할 수도 없다. 나의 처분 이후에 너무나 많은 변수가 그 소년의 인생에 도사리고 있기에 그 소년의 인생이 내가 원하는 방향으로 흘러가지 않는다 하더라도 자책할 필요는 없다.

I love you to high heaven.

Love is an act of endless forgiveness,
a tender look which becomes a habit.

신처가 소독약이 다 빠져간 상태로 재자극이 진입할 때,
더 이상 곪지 않는 항성체를 주신겁니다.
그 세가가 적당한 타이밍이 건격자를 만나 가슴 떨컨정으로
얼마나 다행인지 모릅니다.
앞으로 살면서 네번째, 다섯번째, 여섯 번째등의 수많은
일들이 있겠지만 판사님의 이번 선처에 얼마나 인츨은
삶의 재순이 것들어 있는지 감사하며 살것줍니다.
판사님 정말이지 그 아름다운 선처에 저해되지 않게
살고 싶습니다.

기억나시죠? 판사님.

재판지 저는 판사님과 눈으로 대화를 했습니다.
시력이 안좋아 판사님의 눈이 잘 보이지 않았지만, 아이의
눈으로 어려나 얻은 대화를 한 느낌인지, 제 마음이 꽉
차 있습니다. 감사합니다.

의사, 판자들은 모두가 선량하고, 명예로운 직업이지만,
세상의 아픔을 매일 보아야하는 직업에 더욱 존경스럽습니다.
반면, 그 속에서 ⬛️처럼 아픈 아이들이 치유되서 다시
가정의 제자리로 돌아왔으면 희망과 기쁨, 보람등이 또한
배가 되는 직업임을 다시한번 생각해
보았습니다.
작은 일부터 큰일까지 매일
누구나 선택을 하며
살아가지만,

판사가 개입하지 않아도 잘 굴러가는 선순환 시스템을 만들어 놓아야 소년재판을 감당할 수 있다. 그러나 시스템에 따라 움직이는 판사라 해도 소년재판을 함에 있어서는 따뜻한 마음을 가지고 있어야 한다. 아이들과 보호자들은 금방 알 것이다. 여러 병원을 다니다 보면 환자 눈도 마주치지 않고 형식적인 진료를 하는 의사들을 보게 된다. 그때의 불편한 마음을 알기에 나는 재판 진행 시 짧은 시간이더라도 항상 법정에 선 소년과 보호자의 눈을 마주치고 대화를 나눈다. 비행소년이나 보호자의 요구를 다 들어줄 수는 없더라도 일단 충분히 말할 수 있는 기회는 주어야 할 것이다.

상속, 이혼, 소년심판 그리고 법원

선입견의 무서움

어떤 보조인은 자신의 의견을 제시하는 것을 넘어 자신의 의견을 관철하려 한다. 특히 보조인 의견 진술 시 보조인 자신이 어디서 얼마나 근무하였다는 경력을 강조하는 분들이 많다(주로 공직 경력을 피력). 아이에 대한 애정이 있어서 그런 것인지 아니면 자신이 생각한 처분이 정답이라고 생각하는 것인지 알 수는 없다. 재판을 하면서 가장 위험한 것은 선입견이다. 판사 중에서도 항상 모든 문제에 정답이 있다는 전제하에 사건을 해결하려는 사람들이 있다. 그러나 나는 사건을 접할 때 늘 내가 사건 내용에 대해 사건 당사자보다 모르고 대리인보다도 모른다는 전제하에 출발한다. 판사는 늘 열린 마음을 가지고 양쪽 주장을 경청하는 자세를 갖고 있어야 한다. 치밀하게 기록을 숙지하고 법리에 밝아야 하겠지만, 무엇보다 열린 마음으로 사건을 바라보는 태도가 가장 중요하다. 살면서 너무나 똑똑한 사람들을 많이 보게 된다. 그러나 가치관이 한쪽으로 편향되어 남의 얘기를 들으려 하지 않는 사람들은 함께 지내기 매우 불편할 뿐만 아니라 위험하다.

소년재판 폐지론

소년재판 제도를 잘 모르는 사람들은 소년재판이 극악무도한 범행을 저지른 비행소년들에게 약한 처분을 줄 수 있는 불합리한 제도라고 생각한다. 그러나 4년간 소년재판을 진행해 본 결과 소년재판은 일반인들이 생각하는 것과 달리 비행소년들에게 혜택을 주는 제도가 아니다. 소년들이 저지른 범행 중 언론에서 보도되는 대부분의 강력범죄 사건

상속, 이혼, 소년심판 그리고 법원

들은 결국 소년재판을 받지 않고 형사재판을 받게 된다. 혹시 검찰에서 죄질이 매우 좋지 않은 사건을 소년부로 송치하더라도 소년부 판사는 이 사건을 다시 검찰로 보낼 수 있다. 같은 유형의 범행을 저지른 공범 중 형사재판을 받은 소년의 경우 집행유예 판결을 받았지만, 소년재판을 받은 소년의 경우 2년간의 소년원 처분을 받는 경우도 있었다. 형사재판에서는 벌금으로 끝날 수 있는 범행을 저지른 소년이 소년재판을 받을 경우 160시간의 사회봉사 처분을 받는 경우도 있었다. 비행소년이 아이스크림 1개를 훔쳐 먹어서 아동복지시설에 6개월간 입소시키는 6호 처분을 받는 경우도 있지만, 형사재판에서는 아이스크림 1개 절취했다고 6개월의 실형이 나오지는 않는다. 그래서 일부 비행소년은 소년재판을 받는 경우 소년재판 대신 형사재판을 받을 수 있도록 사건을 다시 검찰로 보내 달라고 재판부에 요청하는 경우도 있다.

소년원에서의 6개월 생활과 교도소에서의 6개월 생활이 다르듯이 소년재판의 처분과 형사재판의 형벌은 그 목적과 효과가 전혀 다르다. 소년재판에서는 비행소년이 저지른 비행(범행)의 죄질을 살펴보는 동시에 그 소년의 가정환경이나 주변 환경도 세심하게 살핀다. 그래서 아무리 가벼운 비행을 저질러도 비행소년의 보호력이 취약한 경우 무거운 처분이 나올 수 있는 것이다. 그리고 그 무거운 처분은 소년의 보호력을 강화하는 것을 최우선적인 목표로 한다. 일반인들이 접하는 언론에서 보도되는 많은 강력 소년사건들은 결국 형사재판을 받게 되는 경우가 많고(소년재판으로 심리하다가 죄질이 좋지 않은 경우 다시 검찰로 사건을 송치함), 설령 소년재판을 받게 되더라도 형사재판을 받을 때보다 결코 유리한 처분이 나오지는 않는다.

소년재판을 하면서 처리한 대부분의 소년 사건은 매우 경미한 경우가 많은데, 조사해 보면 그 사건을 저지른 소년들의 가정환경이 매우 열악한 경우가 많았다. 이런 열악한 가정환경이었더라면 그 누구라도 제대로 생활할 수 없었을 것이라는 생각이 들 만큼 어려운 환경에 처해 있는 소년들이 너무 많았다. 이런 소년들로 하여금 형사재판을 받게 하고 벌금이나 집행유예를 선고하는 것이 그 소년에게 그리고 우리 사회에 과연 어떤 도움이 될까? 그들은 잠깐의 형사재판을 받고, 전과자가 된 후 올바른 사회인으로 성장하지 못한 채 정말로 범죄자의 길을 갈 수도 있다. 이렇게 하는 것이 우리 사회를 위한 길인지 의문이 든다. 불우한 환경으로 인해 일시적으로 방황하는 소년들로 하여금 소년재판 절차를 통해 위탁보호위원, 상담사, 아동복지시설 관계자들, 나아가 소년부 판사의 도움을 받게 하고, 그들에게 스스로 변화할 수 있는 기회를 주는 것, 그래서 그들이 올바른 사회인으로 성장할 수 있는 가능성을 부여받는 것이 장기적으로 우리 사회에 이득이 되지 않을까 생각한다.

김태흥 판사님 에게

판사님 안녕하세요.
제가 좋은 길도 가게 해주시고
베려 해주세

감사합니다. 꼭
성공해서 좋은 사람 될게요.

<소년재판을 받은 보호소년이 보낸 편지>

보호소년들을 위한
청소년 문화제

가정법원은 십수 년 전부터 6호 아동복지시설에 위탁된 보호소년들을 대상으로 청소년문화제를 개최하고 있다. 이 문화제는 보호소년들로 하여금 문화제를 스스로 준비하는 과정에서 도전의식, 열정 및 성취감을 느끼게 하고, 그들의 자존감을 높이기 위해서 마련되었다.

수원가정법원에서 주최하였던 제8회 청소년문화제는 2019년에 개최될 예정이었지만, 여러 사정상 2020년으로 미루어지게 되었다. 주지하다시피 2020년에는 코로나19 때문에 일상적인 생활도 여러 제약을 받는 상황이었다. 청소년 문화제를 준비하기 시작하던 시기인 2020. 5.경에는 이 행사가 열리게 될 2020. 11.의 상황을 전혀 예측할 수 없었다. 그래도 6개월 뒤에는 코로나19가 어느 정도 잡히지 않을까라는 막연한 기대감에 오프라인 행사를 전제하고 1,000명을 수용할 수 있는 장소까지 대관했었다.

그러나 코로나19는 당초 예상과 달리 쉽게 잡히지 않았고 2020. 7.경에 이르러서는 과연 이 행사가 가능할지, 가능하다 해도 과연 실행하는 것이 적절할지 등에 관한 많은 고민이 생겼다. 이번 기회에 청소년 문화제를 아예 폐지하자는 의견도 있었고, 반대로 청소년 문화제가 6호 시설에 입소한 아이들이 큰 무대를 경험하며 성취감을 느낄 수 있는 유일한 행사이니 예년처럼 강행하자는 의견도 있었다. 이런 상황에서 나는 코로나 상황이 어떻게 될지 알 수 없으니 어떤 상황에서도 진행 가능한 온라인 방식의 행사를 제안했다. 내가 생각한 방식은 모든 6호 시설에 카메라가 투입되는 다원생중계 방식이었는데, 이런 방식의 온라인 행사를 처음 제안했을 때에는 많은 사람들이 실행이 불가능하거나, 설령 실행되더라도 매우 조잡한 방식으로 진행되거나, 아니면 행사를 준비하다가 업체와의 갈등으로 무의미하게 종결될 것이라고 예상했었다.

녹화 방송 형식으로 진행하자는 등 여러 반대의견에도 불구하고 다원생중계 방식의 온라인 행사를 적극적으로 지지해주셨던 박종택 전 수원가정법원장님 덕분에 청소년 문화제 준비팀은 실패하더라도 그 과정만으로 충분히 의미 있는 시간이 될 수 있다는 믿음을 가지고 우리 기획 의도에 맞게 행사를 준비해 줄 업체를 찾기 시작했다. 업체 선정도 쉽지 않았는데 우여곡절 끝에 업체를 선정한 뒤에도 끊임없이 새로운 이슈가 등장했다. 거의 매주 실무단 회의를 진행하면서 생각지도 못한 여러 난관들에 부딪쳐 좌절하기도 했지만 최선의 옵션을 준비할 수 없다면 차선책을 택하는 방식으로 하나씩 문제를 해결해 나갔고, 그 결과 당시 행사를 원만하게 마무리할 수 있었다. 특히 문화제가 끝난 후 6호 시설 중 일부는 오프라인 행사보다 훨씬 재미있고 좋았다(나아가 행사장에서의 이탈 문제 등에 신경 쓰지 않아서 좋았다)는 의견을 내주어 많은 보람을 느끼기도 했다. 진행자였던 이소연 아나운서는 리허설과 본 행사 내내 선을 넘지 않는 적절한 멘트로 부드러운 진행을 선보여 만족스러웠다.

　(경연 순서는 무작위 추첨으로 정해졌기에) 의도한 것은 아니었지만 마지막 경연팀인 살레시오의 합창곡인 라디의 "엄마"라는 노래가 문화제의 말미를 장식함으로써 다른 시설의 아이들뿐만 아니라 문화제에 참여한 판사들, 조사관들 등 모든 사람들에게 깊은 감동을 선사하였다. 60여 명의 아이들이 목소리도 제각각, 음정도 제각각이었지만 노래 클라이막스 부분에서 '엄마'라는 단어를 목 높아 외치는 (거의 울부짖는 느낌이었음) 그때의 감동은 아직도 잊을 수 없다. 특히 노래를 부르는 아이들 대부분이 엄마를 알지 못하거나 현재 엄마와 떨어져 살고 있다는 사실을 알고 있기에 (그래서 얼마나 엄마를 그리워하는지 알고 있기에) 나는 그 아이들의 목청에 더 큰 울림을 느꼈다. 그 경연을 본 후 몰래 참았던 눈

물을 훔친 뒤 정말 오랜만에 어머니에게 전화를 걸어 "사랑한다"라고 말씀드렸다. 그리고, 라디의 '엄마'라는 곡은 나의 애창곡이 되었다.

 법원 최초로 시도된 다원 생중계 방식의 문화제를 진행하면서 옛날 생각이 났다. 대학교 때 방송반 PD, 엠넷 VJ 경험이 행사 준비 시작부터 마지막 경연 전까지 한 치 앞을 내다볼 수 없을 정도로 다이내믹한 과정을 견딜 수 있게 해 주었다. 우리 팀이 진행한 8원 다원 생중계 방식(7개의 아동복지시설과 법원에 모두 카메라가 설치하여 생중계하는 방식)은 돌발 상황이 발생할 가능성이 너무 높아 방송국에서도 쉽게 할 수 없는 방식이었다고 한다. 이러한 어려운 과정을 힘들게 마무리하면서 나는 비교적 예측가능하고 안정적인 재판 업무가 나에게 맞는 일이라는 것을 다시 한번 느끼게 되었다.

글을
마치며

    상속재산분할, 이혼소송 및 소년심판에 관하여 누구나 쉽게 읽을 수 있는 좋은 책을 만들고자 했으나 탈고하고 나니 글을 쓴다는 게 생각보다 참 어려운 일이라는 걸 새삼 다시 느끼게 되었다. 법관이라는 직무를 수행하고 있긴 하지만, 아직까지 글을 쓰는 것보다 말하는 게 편하다. 수도 없이 많은 판결문을 써 왔고, 여러 편의 논문도 작성한 바 있지만, 누구나 쉽게 접근할 수 있는 실용서를 집필하기에는 필자의 역량이 아직 많이 부족한 것 같다. 그래도 누군가가 이 책을 읽고 작은 도움을 받을 수 있게 된다면 고생해서 책을 집필한 보람이 생길 것이다. 마치는 글을 어떻게 써야 하나 고민이 많았다. 야근을 하던 수많은 날 중 어느 날 퇴근하면서 일기를 쓴 적이 있었는데 퇴고 시점에 그 때의 감상이 떠올라 그 글로 마무리 인사를 대신하고자 한다.

    이 책을 읽는 분들은 어찌 됐든 일방향이긴 하지만 필자와 인연을 맺은 것이다. 그분들의 건강과 행복을 마음 깊이 기원하면서 글을 마친다.

오늘도 수많은 사람들이 법원 주변을 서성거린다.

그들의 얼굴에는 웃음기가 없고 슬픔과 분노가 가득 차 있다.

법정 앞에서 소리 지르며 싸우는 사람들도 많다.

힘들어 보이는 사람들이 대부분이다.

법관들과 직원들은 마치 톱니바퀴가 회전하듯 정교하고 분주히 움직인다.

엘리베이터나 화장실에서 잠깐잠깐 보이는 그들의 얼굴에도 힘든 기색이 역력하다.

오후 6시가 되면 법원 청사는 언제 그랬냐는 듯이 다시 조용해진다.

저녁 식사를 마치고 사무실로 다시 돌아오는 길에 본 법원 청사는 마치 오래된 고목나무 같아 보였다.

몇 호의 사무실에는 늦은 밤인데도 환하게 불이 켜져 있었고, 멀리서 보면 그 모습이 마치 나무 사이로 비치는 반딧불 같아 보였다.

오늘도 재판 기록 속에서, 그리고 법정에서 수많은 사람들의 인생을 들여다 보았다.
어떤 인생은 가혹하리만큼 불행의 연속으로 점철되어 있었다.
마음이 무겁다.

평정심을 유지하기 위해 집으로 돌아가는 차 안에서 좋아하는 음악을 틀어 놓는다.
음악을 들으면서도 사건 기록 속의 내용들이 머릿속에서 떠나질 않는다.

평온하게 잠들길 바라며, 오늘도 이렇게 고된 하루를 마무리한다.

김태형

학력

서울대학교 기계 · 기계설계 · 항공우주공학부 졸업
서울대학교 법과대학 대학원 수료
미국 뉴욕대학교(NYU) 로스쿨 석사(LL.M.)
서울대학교 법학전문대학원 박사(S.J.D)

경력

Mnet VJ
제37회 변리사
김&장 법률사무소
사법연수원 36기
2007년 판사 임관
현) 수원가정법원 부장판사

부장판사가 알려주는 상속, 이혼, 소년심판 그리고 법원

초판발행   2023년 8월 31일
중판발행   2023년 10월 31일

지은이   김태형
펴낸이   안종만·안상준

편 집   사윤지
기획/마케팅   손준호
표지디자인   이수빈
제 작   고철민·조영환

펴낸곳   (주) **박영시**
              서울특별시 금천구 가산디지털2로 53, 210호(가산동, 한라시그마밸리)
              등록 1959. 3. 11. 제300-1959-1호(倫)

전 화   02)733-6771
f a x   02)736-4818
e-mail   pys@pybook.co.kr
homepage   www.pybook.co.kr
ISBN   979-11-303-4510-9   03360

정 가   18,000원